**PEÇAS DEFENSIVAS
NO DIREITO PENAL**

150

G362p   Gerber, Daniel

Peças defensivas no direito penal: crimes ambientais, crimes de perigo, imputação objetiva, teoria finalista da ação, prisões cautelares, interceptação telefônica, valoração da prova, princípios constitucionais / Daniel Gerber. – Porto Alegre: Livraria do Advogado Editora, 2008.

170 p.; 23 cm.

ISBN 978-85-7348-557-8

1. Direito penal. 2. Jurisprudência. I. Título.

CDU – 343.2

Índice para o catálogo sistemático:

Direito penal   343.2

(Bibliotecária responsável: Marta Roberto, CRB-10/652)

Daniel Gerber

PEÇAS DEFENSIVAS NO DIREITO PENAL

Crimes Ambientais
Crimes de Perigo
Imputação Objetiva
Teoria Finalista da Ação
Prisões Cautelares
Interceptação Telefônica
Valoração da Prova
Princípios Constitucionais

Porto Alegre, 2008

© Daniel Gerber, 2008

Capa, projeto gráfico e diagramação
Livraria do Advogado Editora

Revisão
Rosane Marques Borba

Direitos desta edição reservados por
Livraria do Advogado Editora Ltda.
Rua Riachuelo, 1338
90010-273 Porto Alegre RS
Fone/fax: 0800-51-7522
editora@livrariadoadvogado.com.br
www.doadvogado.com.br

Impresso no Brasil / Printed in Brazil

À Georgia, meu amor.

À Martina, minha filha,
por demonstrar, todos os dias e
em cada sorriso, ser ilimitada a
expressão "amor da minha vida".

Sumário

1. *Habeas Corpus* – liberdade provisória – período de recesso forense – impossibilidade de suspender-se processo com réu preso – atraso injustificado na degravação de audiência – excesso de prazo – ausência de *periculum libertatis* – impossibilidade de utilizar-se a gravidade do delito como elemento que legitima prisão cautelar 9

2. *Habeas Corpus* – liberdade provisória – necessidade de *periculum libertatis* para legitimar decreto cautelar – impossibilidade de prender-se cidadão como fonte probatória/objeto de investigação – sistema acusatório – acusado como sujeito de direitos – pedido de prisão domiciliar por enfermidade 17

3. *Habeas Corpus* – trancamento de ação penal – princípio da correlação – suporte fático e justa causa para ação penal – art. 41, CPP – valoração axiológica das provas em sede de *habeas corpus – nulla accusatio sine probatione* 29

4. *Habeas Corpus* – trancamento de ação penal – princípio da correlação – suporte fático e justa causa para ação penal – art. 41, CPP – valoração axiológica das provas em sede de *habeas corpus – nulla accusatio sine probatione* – imputação objetiva e teoria finalista da ação – impossibilidade de responsabilização de outorgante de instrumento procuratório sob pena de assunção de responsabilidade objetiva 45

5. *Habeas Corpus* – efeito suspensivo em recursos constitucionais – inexistência de *periculum libertatis ex lege* – círculo temporal hermenêutico como instrumento de interpretação normativa – releitura da Súmula 267, STJ, e do art. 27, § 2º, Lei 8.038/90 – presunção de inocência x presunção de não-culpabilidade 59

6. *Habeas Corpus* – retroatividade da Lei 11.343/06 – efeitos do § 3º, art. 33, da Lei, sobre a Teoria Geral do Crime – discussão sobre dolo específico e necessidade de nova instrução – nulidade do processo – efeitos do § 4º, art. 33, da Lei, sobre a Teoria Geral da Pena – necessidade de fundamentação expressa sobre a não-aplicabilidade de causa especial de diminuição de pena – nulidade da decisão no que tange ao cálculo de pena – suspensão de mandado de prisão já expedido 67

7. *Habeas Corpus* – nulidade de interceptação telefônica – excesso de prazo – renovação automática e ausência de justificação exigida por lei – quebra do *due process of law* – ilicitude x ilegitimidade da prova – da separação entre juiz e promotor – *ne procedat iudex ex officio* 75

8. Pedido de Justificação – ação preparatória para interposição de revisão criminal – necessidade de judicialização da prova nova 87

9. Representação criminal – delito contra a honra de juiz de Direito, no exercício da função – o mau uso do Direito como instrumento do delito – a vontade de causar dano x direito de criticar e recorrer 91

10. Alegações Finais, art. 500, CPP – delito ambiental – subsunção normativa – conflito de lei penal no tempo – Lei 8.176/91 x Lei 9.605/98 – erro sobre elementos do tipo – princípio da lesividade e legalidade substancial – delitos de perigo concreto 95

11. Pedido de Declaração, art. 382, CPP – delito contra o meio ambiente – retroatividade a aplicação da Lei 11.313/06 sobre delitos de menor potencial ofensivo, conexo a delitos mais graves – o princípio da lesividade enquanto legitimador da norma penal 107

12. Razões de Apelação – delito ambiental – subsunção normativa – conflito de lei penal no tempo – Lei 8.176/91 x Lei 9.605/98 – coexistência das normas definidoras de bens jurídicos diversos – distinção entre "crime-meio" e "crime-fim" – impossibilidade de punição do "crime-meio" – aplicação retroativa da Lei 9.099/95, através da Lei 11.313/06 – concurso de delito e impossibilidade de utilizar a pena do concurso como óbice à Lei 9.099/95 – erro sobre elementos do tipo – princípio da lesividade e legalidade substancial – delitos de perigo concreto 111

13. Alegações Finais, art. 500, CPP – negativa de autoria – valoração das provas e o direito à inocência – a dignidade da pessoa humana e a distinção entre as espécies de absolvição .. 129

14. Queixa-Crime em ação penal privada subsidiária de ação penal pública – inércia do Ministério Público – prazo de 15 dias como marco inicial do Direito da vítima em interpor queixa-crime subsidiária 135

15. Alegações Finais, art. 500, CPP – exploração sexual de adolescente – negativa de autoria – o *in dubio pro reo* e a certeza como fonte da sentença condenatória – a atipicidade da conduta do réu graças ao comportamento da vítima – erro sobre os elementos do tipo 143

16. Razões de apelação – crime cometido por Prefeito – prescrição retroativa – lei de licitações – dolo alternativo – princípio da correlação entre acusação de sentença – imputação objetiva, finalismo social e boa-fé objetiva – erro sobre elementos do tipo 149

1. *Habeas Corpus* – liberdade provisória – período de recesso forense – impossibilidade de suspender-se processo com réu preso – atraso injustificado na degravação de audiência – excesso de prazo – ausência de *periculum libertatis* – impossibilidade de utilizar-se a gravidade do delito como elemento que legitima prisão cautelar

EXCELENTÍSSIMO SENHOR DOUTOR DESEMBARGADOR, PRESIDENTE DO EGRÉGIO TRIBUNAL DE JUSTIÇA DO ESTADO DO RIO GRANDE DO SUL

HABEAS CORPUS

com pedido liminar

"SUSPENSÃO DE PROCESSO" COM RÉU PRESO – DESRESPEITO DA RESOLUÇÃO N. 631/2007 – COMAG;

MALVERSAÇÃO SOBRE PRINCÍPIOS CONSTITUCIONAIS – PRISÃO FUNDAMENTADA, TÃO SOMENTE, NA GRAVIDADE DO DELITO

DANIEL GERBER, brasileiro, casado, Advogado inscrito na OAB/RS sob o n. 39.879 e **JOSÉ HENRIQUE SALIM SCHMIDT**, brasileiro, casado, Advogado inscrito na OAB/RS sob o n. 43.698, vêm, respeitosamente, ante Vossa Excelência, interporem a presente ordem de *habeas corpus* em favor de **M.N.**, brasileiro, casado, atualmente recolhido no presídio da comarca de T./RS, por decisão do Juiz da Vara Judicial da comarca de P./RS, nos autos do processo n. 0000000, em virtude dos fatos e fundamentos a seguir expostos:

I. OS FATOS

Ao Paciente é imputada a conduta de, em co-autoria com mais dois réus, organizar roubo de duas "minivans" e aparelhos celulares que, por sua vez, seria executado por terceiros especificamente contratados para isso.

Mesmo sabendo-se não ser este o momento processual de analise do material probatório, **vale destacar que os outros dois denunciados, em seus interrogatórios, afirmaram que o Paciente nada tinha a ver com os fatos narrados em denúncia.** Ainda assim, e baseado, tão-somente, na análise da gravidade do tipo de delito em si que se encontra sob a investigação processual, a d. autoridade coatora, Juiz da Vara Judicial de P./RS, manteve o decreto cautelar (que, diga-se também de passagem, foi decretado quase um ano após a existência dos fatos narrados em denúncia, sem que nenhuma notícia de mais atos delituosos, cometidos em tal interstício, tenha vindo aos autos em desfavor do Paciente).

Não bastasse a irregularidade de a prisão cautelar basear-se, apenas, na gravidade do delito em si (residindo, aqui, a fundamental distinção entre prisão cautelar e "prisão pena"), vai-se além:

A AUTORIDADE COATORA, APÓS AUDIÊNCIA DE INTERROGATÓRIO DOS RÉUS, REALIZADA DIA 12/12/07, SEQUER DIGNOU-SE A MARCAR A AUDIÊNCIA PARA OUVIR AS TESTEMUNHAS DE ACUSAÇÃO DEVIDAMENTE ARROLADAS EM DENÚNCIA.

INDO ALÉM: A ATA DOS INTERROGATÓRIOS, QUE DEVERIA ESTAR NOS AUTOS TRÊS DIAS APÓS O ATO, SEQUER DEGRAVADA FOI ATÉ A DATA PRESENTE.

Destes fatos surge, pois, o Direito pleiteado.

II. DA AUSÊNCIA DE DESIGNAÇÃO DE AUDIÊNCIA DE TESTEMUNHAS DE ACUSAÇÃO – OMISSÃO DO ESTADO NA DEGRAVAÇÃO DE AUDIÊNCIA

É corriqueiro o entendimento de que ao finalizar-se o ato de interrogatório, apraze, o Juiz, a próxima audiência, para ouvir testemunhas de acusação, eis que estas já estão devidamente arroladas em denúncia.

Tal entendimento, por sua vez, adquire contorno legal quando lido o artigo 401, CPP, que, ao ordenar prazo para a audiência de depoimentos das testemunhas de acusação em processos com réu preso, estipula o patamar máximo de vinte dias que começarão a correr após findo o tríduo da defesa prévia (parágrafo único do artigo em comento).

No caso em tela, o interrogatório realizou-se dia 12.12.07, e, consoante cópias em anexo (ata de audiência), a degravação de tal ato, necessária para que o tríduo legal seja efetivamente aberto à Defesa e, conseqüentemente, possa o processo ter seu trâmite regular, deveria ter se realizado em três dias, ou seja, deveria estar nos autos no dia **15.12.2007**.

No entanto Excelência, e consoante cópias em anexo (volume III do feito, até as últimas folhas do caderno processual), dita degravação, já passados nove dias, ainda não ocorreu.

Mais: se considerarmos que o próximo dia útil de abertura do Foro é 26.12.07, temos que a degravação, que deveria estar nos autos em três dias, demorará **14 dias, excesso este absolutamente injustificado e que deriva, exclusivamente, de culpa do Poder Público que, por quaisquer que sejam suas razões, não contou com funcionários em número suficiente para dar vencimento às suas obrigações.**

Vale destaque: ainda que a falta de verbas do Poder Público seja um fato notório, tem-se que um cidadão não pode pagar por esta "situação falimentar" com sua própria liberdade (e, se não for o caso de "situação falimentar" como justificativa para o incrível atraso que ora se atesta, ainda mais grave se torna a violação do bem jurídico mais precioso que um indivíduo pode ter).

A autoridade coatora, inclusive, quando alertada em audiência sobre eventual excesso de prazo na manutenção da medida cautelar, despachou afirmando que *não sendo aplicável ao Ministério Público nem ao Juízo a dilação do prazo, não há que se falar em constrangimento ilegal.*

Com a devida vênia, Excelência, nosso STJ, sobre o tema, já pacificou entendimento que merece transcrição:

T5 – QUINTA TURMA
Data do Julgamento: 27/09/2007
Data da Publicação/Fonte: DJ 15.10.2007 p. 335
Ementa: CRIMINAL. HC. HOMICÍDIO QUALIFICADO. EXCESSO DE PRAZO. TRÂMITE REGULAR. FEITO COMPLEXO. PRINCÍPIO DA RAZOABILIDADE. PRAZO PARA A CONCLUSÃO DA INSTRUÇÃO QUE NÃO É ABSOLUTO. FEITO NA FASE DE APRESENTAÇÃO DO LIBELO. ORDEM DENEGADA.
1- Hipótese na qual se alega constrangimento ilegal decorrente do excesso de prazo para o encerramento da instrução criminal.
2- Feito que segue regular tramitação, sendo que eventual retardamento no julgamento do paciente se deve à complexidade do processo, decorrente da pluralidade de acusados, bem como pela necessidade de expedição de diversas cartas precató-

rias para oitiva de testemunhas, tendo sido verificado que o feito encontra-se na fase de apresentação pelo órgão ministerial de libelo acusatório.

3- Justifica-se eventual dilação de prazo para a conclusão da instrução processual, quando a demora não é provocada pelo Juízo ou pelo Ministério Público, mas sim decorrente de incidentes do feito e devido à observância de trâmites processuais sabidamente complexos.

4- Constrangimento reputado indevido, decorrente de excesso de prazo na formação da culpa, que fica excluído por força do princípio da razoabilidade.

5- Ordem denegada.

Processo HC 68370 / SP

HABEAS CORPUS 2006/0227132-3

Relator(a): Ministra JANE SILVA (Desembargadora Convocada do TJ/MG) (1136)

Órgão Julgador: T5 – QUINTA TURMA

Percebe-se, aqui, que nosso STJ, quando afirma não haver excesso de prazo em processos cujo elastério agigantado não derive do Juiz ou do MP, **o faz somente quando a complexidade do feito assim autoriza**, eis que, em feitos notadamente complexos (como as grandes operações federais que, tradicionalmente, geram mais de vinte réus em processos de oitenta volumes, *ad exemplum*), não há como se cumprir, adequadamente, certos limites temporais estabelecidos de forma genérica em lei.

No entanto, Excelência, **seria verdadeiro atentado às garantias individuais** que o Poder Judiciário admitisse não existir excesso de prazo quando não deriva, o elastério, do Juiz ou do MP, mas, "tão-somente", do erro básico na atividade de um cartório judicial criminal.

Com o devido respeito, Excelência, a incompetência do Estado (e não a sua intensa atividade em operações delicadamente complexas, como perícias, precatórias etc., hipótese esta já analisada no acórdão supratranscrito) em não cumprir prazos não pode, jamais, ser atribuída enquanto ônus ao cidadão.

Percebe-se, então, o desrespeito ao comando federal já citado, assim como o desrespeito à Resolução n. 631/2007- COMAG, publicada no *site* deste Tribunal de Justiça que, em seu art. 1º, parágrafo único, afirma que a suspensão dos prazos processuais não obsta a prática de ato processual de natureza urgente e, em seu art. 2º, afirma que a vedação de realização de audiências no período de recesso não se aplica em processos penais com réu preso (ainda que não oficialmente, ou através de qualquer nominalismo que se dê, o que facilmente se percebe é que houve uma "suspensão" indevida no feito).

Pelo exposto, restando **absolutamente injustificada** a demora na realização de ato processual que deveria se efetivar em três dias, e percebendo-se que tal demora afeta, diretamente, o contraditório, ampla defesa e presunção de inocência, além de malversar sobre Lei Federal, resta também afastada a legitimação da medida cautelar que ora se combate, sendo necessário, para o reestabelecimento da harmonia que este e. Poder visa a preservar, o deferimento do pleito de liberdade provisória que ora se realiza.

III. DA GRAVIDADE DO DELITO COMO ELEMENTO ILEGÍTIMO PARA O SEGREGO CAUTELAR – AUSÊNCIA DE *PERICULUM LIBERTATIS* CONCRETO

Não bastassem os argumentos supra já demonstrarem a esta e. Casa a ilegitimidade do decreto cautelar que se abate sobre o Paciente, vai-se além.

A argumentação utilizada pela autoridade coatora para fundamentar a prisão cautelar é absolutamente genérica e relacionada, apenas, com o delito em si, **sem apontar, em um momento sequer, a existência real de risco à ordem pública** através da reiteração delituosa. Vale, neste sentido, transcrição parcial:

> Observo que o delito praticado possui relevante gravidade, envolvendo também receptação, denotando assim organização e periculosidade por parte dos acusados. Tal conduta causa intranqüilidade à população ordeira, constantemente vitimada por esta espécie de ação social.

Ora Excelências, a jurisprudência deste Tribunal de Justiça, perfilhando-se com as de nossos Tribunais Superiores, é uníssona em afirmar que a *gravidade do delito, por si só, não legitima a prisão cautelar.*

Neste sentido:

> EMENTA: RECURSO EM SENTIDO ESTRITO. HOMICÍDIO QUALIFICADO. Rebelação ministerial contra o indeferimento do pedido de decretação da prisão preventiva do recorrido. **Embora se trate de crime equiparado a hediondo,** a manutenção da custódia cautelar só se impõe quando se revelar necessária. A gravidade abstrata do delito, por si só, não determina a imposição da medida extrema. Precedentes do STJ. Não-configuração dos pressupostos legais autorizadores da prisão preventiva (artigo 312 do Código de Processo Penal). Correção da decisão hostilizada. Negaram provimento ao recurso acusatório. Unânime. (Recurso em Sentido Estrito Nº 70018964734, Segunda Câmara Criminal, Tribunal de Justiça do RS, Relatoi: Antônio Carlos Netto de Mangabeira, Julgado em 03/05/2007

Fácil concluir-se que, se **em crime equiparado aos delitos hediondos o decreto cautelar não se justifica somente por seu cometimento, muito menos em crimes "não hediondos", ainda que a "população ordeira" não goste de ser vitimada** (como, por óbvio, ninguém gosta) através daquela espécie de ação.

Mais: que Vossa Excelência repare não haver, no despacho combatido, sequer menção aos elementos do art. 312, CPP.

E, no despacho originário que ordenou o decreto cautelar (cuja cópia também segue em anexo), **ainda pior a situação**:

> A sociedade vive sob ameaça crescente da criminalidade, devendo o Poder Judiciário mostrar que está presente para a prevenção e reprovação dessas práticas...
> Não se trata, no entanto, de punição antecipada – o que é vedado-, mas, tão somente prisão acautelatória. Verificada a existência de delito que permita segregação acautelatória, havendo indícios suficientes de autoria, é de ser decretada a prisão preventiva dos acusados...

Tal despacho não apenas omite toda e qualquer menção aos elementos de cautelaridade do art. 312, CPP (ordem pública, econômica etc.) como, indo além, deixa claro que, **na visão da autoridade coatora, deve ser decretada a prisão cautelar em todos os crimes dolosos punidos com reclusão (ou seja, que permitam a segregação acautelatória), desde que presentes materialidade e indícios de autoria, e, tudo isso, em nome do "exemplo" que o Poder Judiciário deve dar no combate ao crime e na defesa social.**

Com o devido respeito, Excelências, permitir-se tal entendimento é, primeiro, esquecer que o papel do Poder Judiciário não é proteger "a" ou "b", mas, sim, procurar JUSTIÇA.

É esquecer, também, que se um Juiz desrespeita a Lei por um "bem maior", o cidadão é que não irá respeitá-la.

É abandonar a idéia de cautelaridade do caso em concreto, decretando-se a prisão preventiva pelo fato de o delito, em abstrato, comportá-la enquanto incidente processual.

Em suma, é abandonar-se a idéia de uma Constituição Dirigente e, ao fundo, a própria concepção de Estado Democrático de Direito.

Com o perdão do ora ventilado, o fato é que um Juiz poder prender cidadão, sem sequer mencionar o art. 312, CPP, em um de seus elementos cautelares, alegando apenas "risco para o meio social" por este "estar cansado de sofrer com delitos", **é situação que jamais poderá ser admitida por quem zela pela busca do Justo em uma sociedade devidamente harmonizada na defesa dos interesses de todos os seus cidadãos.**

Por fim: a denúncia versa sobre delitos que em tese foram cometidos em novembro de 2006; ora, Excelência, se por mais de um ano o Paciente permaneceu em liberdade sem demonstrar risco à ordem pública (eis que nenhum outro ato foi noticiado em seu desfavor), e em sendo primário e de bons antecedentes, como poderia se justificar esta presunção de necessidade de cautela que não encontra um suporte fático sequer para lhe dar aparência de legalidade?

IV. DO PEDIDO LIMINAR E FINAL

Todos os documentos e despachos necessários à análise do teor refletido no presente *habeas corpus* encontram-se em anexo.

E, na medida em que:

1. O excesso de prazo, já existente, deriva de erro cartorário no cumprimento de obrigação básica ao correto exercício de suas funções;

2. A "cautelaridade" está baseada na pena de reclusão imposta, em tese, ao delito, e não em alguma ação concreta imputada ao Paciente;

3. O Paciente é acusado de delito cometido há mais de ano atrás e, durante tal interregno, jamais teve contra si qualquer outra notícia de atividade delituosa;

4. O Paciente é primário, de bons antecedentes, com família formada e filhos pequenos, residindo há anos no mesmo local (I./RS) e sem dar nenhuma espécie de demonstração, em sua vida social, do exercício de atividades ilícitas;

Requer-se:

5. A concessão de medida liminar que defira o benefício da liberdade provisória ao Paciente para, ao fim, ser tal entendimento confirmado quando do julgamento de mérito do presente.

Nesses termos,

Pede deferimento.

Porto Alegre, 20 de dezembro de 2007.

DANIEL GERBER
OAB/RS 39879

JOSÉ HENRIQUE SALIM SCHMIDT
OAB/RS 43.698

2. *Habeas corpus* – liberdade provisória – necessidade de *periculum libertatis* para legitimar decreto cautelar – impossibilidade de prender-se cidadão como fonte probatória/objeto de investigação – sistema acusatório – acusado como sujeito de direitos – pedido de prisão domiciliar por enfermidade.

EXCELENTÍSSIMO SENHOR DOUTOR DESEMBARGADOR FEDERAL, PRESIDENTE DO EGRÉGIO TRIBUNAL REGIONAL FEDERAL DA QUARTA REGIÃO

HABEAS CORPUS
Urgência – risco de vida

Daniel Gerber, brasileiro, casado, Advogado inscrito na OAB/RS sob o n. 39879, vem, respeitosamente, ante Vossa Excelência, impetrar o presente *habeas corpus* em favor de **I.B.C.**, brasileiro, idoso, separado judicialmente, atualmente recolhido na carceragem da superintendência da Polícia Federal de P./RS, por ordem da digna autoridade judicial em exercício junto à 1ª Vara Federal Criminal desta circunscrição, pelos fatos e fundamentos a seguir expostos:

I. HISTÓRICO

O Paciente foi preso, preventivamente, por força de dois argumentos, a saber: **ordem pública e ordem econômica.**

Tal prisão decorre, por sua vez, de ordem da D. Autoridade Judiciária da 0ª Vara Federal Criminal, junto ao inquérito n. 0, que investiga a obtenção de valores junto ao mercado financeiro internacional através de avais fraudulentos prestados pela empresa pública D.

PEÇAS DEFENSIVAS NO DIREITO PENAL

Destaca-se, desde já, que ao Paciente **NÃO É** imputada a conduta fraudulenta que ora se investiga; pelo contrário, é acusado junto ao art. 332, CP (tráfico de influência) pelo fato de ter realizado a aproximação comercial de uma empresa privada (O) uma empresa pública (D), fato este que, inclusive, jamais negou em seus depoimentos.

Feita tal consideração, deixa-se claro que a emissão de uma ordem prisional causou profunda surpresa ao Paciente, eis que, em data pretérita, já havia deposto, voluntariamente, perante o referido Inquérito Policial; indo além, (a) não está sendo acusado do delito principal (fraude financeira), também (b) não deu nenhuma espécie de demonstração de que, em liberdade, estaria a prejudicar de qualquer forma, um dos bens jurídicos tutelados pelo art. 312, CPP **(sendo esta, inclusive, a própria opinião do Ministério Público Federal**[1]**)** e, fundamentalmente, não existe nenhum "fato novo", posterior ao seu primeiro depoimento, que pudesse justificar a adoção de tão séria medida.

Por fim, salienta-se que, em virtude da ordem prisional ora mencionada, o Paciente **foi novamente interrogado e, mais uma vez, prestou sua pronta colaboração à autoridade policial**, respondendo a todos os questionamentos que lhe foram realizados e auxiliando no desembaraço de questões ainda não esclarecidas (consoante afirma o próprio Delegado responsável Dr. O em ofício endereçado ao Juiz da Oª Vara Federal Criminal de O[2]).

Isso posto, e sem maiores delongas, passa-se ao objeto discutido.

II. NECESSÁRIAS CONSIDERAÇÕES, INTRODUTÓRIAS, DE CUNHO POLÍTICO-CRIMINAL

Antes de adentrar-se ao mérito do presente *habeas corpus*, mister a plena delimitação do objeto que, ao fundo, estará sendo debatido.

Neste sentido, ainda que o "aparente" da situação que se traz ao conhecimento de Vossas Excelências seja a prisão cautelar de uma pessoa que não merece tal medida contra si (ou seja, objeto de cunho individual), o "oculto", mas não menos importante objeto a ser discutido, é a espécie de Estado Democrático de Direito que se está a desejar como modelo ideal de República.

---

[1] Tema devidamente exposto em item próprio, no presente *habeas corpus*.

[2] O novo depoimento do Paciente, assim como o ofício do Delegado à autoridade judicial, não se encontram em anexo ao *habeas corpus*, eis que ainda não foi possível extração de fotocópia de tais peças. Não obstante, e ante a importância do tema ora debatido, afirma-se que tais informações podem ser conferidas mediante simples contato telefônico a se realizar junto à Polícia Federal.

Tal afirmativa adquire fundamental importância na medida em que um ato de poder é, ao fundo, um ato de cultura[3]. Desta maneira, e a presente narrativa trará por objetivo desvelar tal situação, o "pano de fundo" sobre o qual a discussão de mérito individual (o Paciente e suas características) irá ser travada é a importância que o respeito aos Direitos Individuais adquirem quando em confronto com determinados interesses – ainda que legítimos – do Estado.

Para tanto se estabelece, desde já como verdadeira, a premissa que afirma a inexistência de um "sistema processual puro", seja ele inquisitório, seja ele acusatório[4]. Pelo contrário, e escapando-se de nominalismos ora desnecessários, o fato é que cada sistema processual irá reunir características de ambas as posições, com tendências mais voltadas a um ou outro lado.

E é neste diapasão que o debate sobre a legitimidade da prisão cautelar, enquanto instituto processual, adquire singular importância. Se estivermos diante de um sistema que tende ao inquisitório, o investigado é um "objeto de prova" à disposição do Estado que, "legitimamente", e em nome do bem público, estará em busca da "verdade real subjetiva"; ao revés, se a tendência for acusatória, o investigado será um "sujeito de Direito e direitos", e terá à sua disposição uma série de garantias que, em sua essência, transparecem os verdadeiros limites ao poder de agir do Estado.

E, de maneira ainda mais específica quando se versa sobre o aprisionamento cautelar, deve ser marcado que o juízo de periculosidade que se faz em um sistema inquisitório se dá sobre hipóteses, enquanto o juízo de periculosidade que se realiza em um sistema acusatório se dá, necessariamente, sobre fatos.

Pois bem: consoante será devidamente explicitado a esta e. Turma Criminal, o Paciente encontra-se preso, preventivamente, através de uma decisão que não sustenta seu juízo de periculosidade em nenhum fato concreto, contrariando, inclusive, as conclusões traçadas tanto pela Autoridade Policial quanto Ministerial.

Pelo contrário, a prisão decretada traz, ao fundo, a intenção de obter depoimentos que auxiliem de maneira ainda mais eficaz a já desenvolta ação investigatória (pedido marcado, então, por forte tendência inquisitória, onde o investigado não é um Sujeito de Direitos, mas, sim, Objeto de Prova).

E, para que tal afirmativa não pareça à Vossas Excelências um desesperado argumento defensivo, vale frisar que a autoridade policial requereu ao juízo um decreto de *prisão temporária* e, caso não fosse esta adequada, aí sim, uma *prisão preventiva*.

---

[3] ARENDT, Hannah, dentre vários.

[4] COUTINHO, Jacinto Nelson de Miranda; PRADO, Geraldo, dentre vários.

PEÇAS DEFENSIVAS NO DIREITO PENAL

Ora, ditas prisões são absolutamente distintas em seus conteúdos e objetivos jurídicos, e a "confusão" entre as duas modalidades de medida cautelar apenas retrata o ora alegado: **quer-se prender para se extrair confissão; o motivo, tanto o faz.** E, apenas para concluir o já extenso parágrafo, vale dizer que em um País onde o silêncio é um Direito de índole Constitucional, nenhum tipo de prisão poderia ser decretada com tal direcionamento.

Isso posto, passa-se ao mérito.

III. DA PROMOÇÃO DA AUTORIDADE POLICIAL

Para melhor apreensão dos argumentos defensivos, divide-se a narrativa constante do pedido policial de *prisão temporária/preventiva* em distintos itens, com suas respectivas críticas.

III.1. PONTO UM

A Autoridade Policial, mencionando o delito em si (que, por sua vez, envolve a obtenção de empréstimo mediante concessão de avais fraudulentos para instituições financeiras do exterior), assim afirma:

> Atitudes deliberadamente criminosas como essas naturalmente causam graves prejuízos à ordem pública e, essencialmente, a ordem econômica, ainda mais quando praticados em detrimento de instituição internacional (...)

Sem dúvida, SE os delitos foram praticados, ter-se-á o prejuízo ora aludido pela autoridade policial. Não obstante, os prejuízos aos bens jurídicos tutelados pela norma, quando resultantes do delito em si, devem ser "corrigidos" através do instituto denominado "prisão-pena", derivado, por sua vez, de uma decisão judicial condenatória transitada em julgado[5]. Em suma, o dano causado pelo delito em si não é objeto de justificação de uma medida cautelar[6].

Percebe-se, então, que este primeiro argumento não se presta aos fins pretendidos pela autoridade pública.

III.2. PONTO DOIS

A fim de resguardar tanto a ordem pública e econômica, necessária a adoção de medidas cerceadoras das atividades criminosas dos investigados, no caso a decre-

---

[5] BOSCHI, José Antonio Paganella; FERNANDES, Antônio Scarance, dentre vários.

[6] Jurisprudência uníssona do STJ e do STF.

tação da prisão preventiva, pois **como se não bastasse o já exposto, continuam a planejar a confecção de documentos, como deixaram antever os recentes diálogos em que O, com conhecimento de O, solicita a confecção de notas promissórias para O.**

Aqui, a douta autoridade policial, em acordo com a doutrina processual que reclama um *dano presente ou futuro como objeto de tutela da prisão preventiva*[7], elenca o suporte fático que lhe faz crer existir ameaça concreta legitimadora da cautela. No entanto, deve restar claro que a base fática ora utilizada, ainda que verdadeira (*ad argumentandum tantum*), **não diz respeito ao ora Paciente, não se prestando, então, para a incidência de tal restrição sobre si.**

E, para que tal ponto não passe despercebido: os únicos argumentos utilizados para o decreto cautelar do Paciente são, justamente, os dois ora ventilados. Em suma: o nome do Paciente NÃO FOI CITADO PELA AUTORIDADE POLICIAL COMO SENDO UM DOS QUAIS ESTÁ A PREJUDICAR A ORDEM PÚBLICA E/ OU ECONÔMICA ENQUANTO EM LIBERDADE, desvelando-se, aqui, o supremo paradoxo da decisão judicial ora confrontada!

III.3. PONTO TRÊS

Ademais, necessária a adoção de **todos os meios de investigação disponíveis para acabal identificação de todos os participantes dos atos criminosos praticados, bem como para delimitar pormenorizadamente a conduta de cada indivíduo.**

Escancara-se, aqui, a visão ideológica que a nobre autoridade policial detém do instituto da prisão cautelar: **meio de investigação**!!

Ora, Excelência, é absolutamente **inadmissível** que, em um Estado Democrático de Direito, a *prisão cautelar de um indivíduo* seja considerado um *meio legítimo* de *investigação policial.*

Frise-se: quando a prisão temporária, em seu artigo 1º, inciso I, estabelece como condição de sua validade ser *imprescindível para as investigações policiais*, duas espécies possíveis de interpretação, com distintas conseqüências, imediatamente se abrem:

III.3.1. Interpretação extensiva – traz como conseqüência a aplicação de tal decreto cautelar como forma de se *obter a prova* (leia-se: confissão); prende-

---

[7] Doutrina e jurisprudência em uníssono ao afirmarem que o *periculum libertatis* que justifica a cautelar deve ser não apenas concreto, mas, também, **presente**, e não **passado**.

se, então, para que o tormento psicológico gerado pela coerção produza efeitos salutares aos objetivos da investigação criminal.

Tal interpretação, por óbvio, é de cunho nitidamente inquisitorial, eis que trabalha o Indivíduo enquanto Objeto de Investigação, permitindo severa restrição ao seu fundamental Direito de ir-e-vir apenas no intuito de facilitar a obtenção da verdade que se procura.

III.3.2. Interpretação restritiva – traz como conseqüência a aplicação de tal decreto cautelar apenas nas hipóteses em que o investigado, livre, está a ameaçar, *através de condutas positivas no mundo dos fatos,* o livre andamento da investigação policial e, por isso, sua prisão se torna *imprescindível.*

Tal interpretação, de cunho acusatório, é a única que se coaduna com o princípio constitucional da presunção de inocência e seus derivativos lógicos (Direito ao Silêncio etc), eis que retrata a necessidade de *acautelar o bem jurídico posto em perigo através da liberdade do cidadão.*

Conclui-se, então, que por força dos comandos dirigentes de nossa Constituição Federal, os argumentos expendidos pela n. autoridade policial como forma de justificar a cautela **não se sustentam, eis que nada acautelam; pelo contrário, apenas sinalizam uma forma mais fácil de conduzir-se uma investigação policial**, passo este que, graças aos princípios já invocados e, também, ao próprio conceito de razoabilidade, deve ser imediatamente afastado por esta e. Casa.

Por fim: ainda que tais argumentos fossem ideologicamente aceitáveis, não foram utilizados pela autoridade coatora como fundamento do decreto prisional.

III.4. PONTO QUATRO

Assim, também se faz imperiosa a decretação da prisão preventiva para alguns de seus membros, visto que o alto poder de mobilização e estruturação poderá dificultar a plena elucidação dos fatos.

Tal argumento, muito embora pudesse ser alvo de inúmeras críticas legais (ausência de referência expressa aos atos que estivessem atrapalhando a elucidação dos fatos, ausência de individualização de tais atos, se existentes etc.), **não se refere ao ora Paciente.**

Nesta senda, o *alto poder de mobilização e estruturação* de "criminosos" serve como elemento para legitimar o decreto preventivo sob a argumentação de *garantia da instrução processual.* O Paciente, por sua vez, foi preso, apenas sob os argumentos de *garantia da ordem econômica* e *garantia da ordem pública.*

Constata-se, então, que esta incrível mobilização latente em alguns acusados (nos dizeres da acusação) não foi encontrada junto ao Paciente por parte da autoridade policial, assim como não foi objeto de apreciação por parte da d. autoridade coatora (em relação ao Paciente).

III.5. PONTO CINCO

Ademais, a medida constritiva também é necessária para assegurar a aplicação da lei penal e a conveniência da instrução criminal, pois seus integrantes possuem alto poder aquisitivo que lhes propicia viajar para o exterior com facilidade, atitude já tomada por alguns, como por exemplo O... e O...

Mais uma vez a autoridade policial, neste trecho, nomina pessoas e não menciona o Paciente; não bastasse, tais argumentos também não foram utilizados pela autoridade coatora para justificar a decisão ora combatida, razão pela qual desnecessário o alongamento da crítica.

III.6. CONCLUSÃO DESTE ITEM

Percebe-se, da transcrição de todos os trechos utilizados pela autoridade policial em seu relatório, que não existe sequer menção ao nome do Paciente e à atitude que este poderia cometer como forma de justificar um ato de cautela sobre si; pelo contrário, seu nome aparece, apenas, quando a referida autoridade faz uma "lista" dos que deseja presos.

Ora, Excelências, um pedido deste, (a) absolutamente genérico, (b) sem individualização de condutas presentes que estejam a gerar a necessidade de cautela, (c) sem sequer indicar o nome do Paciente nos argumentos que, ao fim, justificaram sua prisão (ordem pública e econômica) e, por fim, (d) a deixar claro que a única intenção da autoridade policial, com tal medida, é *extrair a prova daqueles que forem presos*, não pode se justificar perante este Tribunal, sob pena de afronta não apenas aos princípios constitucionais já citados, mas, também, ao próprio postulado que fundamenta um Estado de Direito.

IV. DO PARECER DO MINISTÉRIO PÚBLICO

O d. M.P.F., em seu parecer, assim dispõe:

Assim, presentes indícios de autoria e prova da materialidade, mas em face da garantia da ordem econômica e à vista da magnitude da lesão causada, forte no art. 312, CPP e do art. 30 da Lei 7.492/86, também está autorizada a decretação da prisão preventiva de O, O e de O.

Por sua vez, impõe-se, também, a restrição da liberdade de ... O, com fundamento na Lei 7.960/89 ...

Percebe-se, aqui, e margeando as inúmeras críticas que também se poderia traçar sobre as considerações Ministeriais, que:

IV.1. O M.P.F. vincula o dano à ordem econômica ao delito cometido e do qual o Paciente **NÃO É ACUSADO;**
IV.2. O M.P.F. ENTENDEU QUE O PACIENTE NÃO AFETA, COM SUA LIBERDA-DE, A ORDEM ECONÔMICA OU A ORDEM PÚBLICA!
FRISE-SE: O PRÓPRIO M.P.F. "NÃO CONCORDA" COM O DECRETO CAUTE-LAR, NOS MOLDES EM QUE ESTE SE IMPÕE, EIS QUE, EXPRESSAMENTE, AFIRMA QUE OS ARGUMENTOS UTILIZADOS PARA O DECRETO PREVENTIVO DO PACIENTE NÃO SE APLICAM A ELE, MAS, TÃO SOMENTE, A OUTROS DOIS INVESTIGADOS!

IV.3. CONCLUSÃO DESTE ITEM

Com a devida vênia ao entendimento retro, percebe-se que o douto despacho que ora se ataca utilizou, como fonte de legitimação, argumentos que NEM A AUTO-RIDADE POLICIAL E NEM O MINISTÉRIO PÚBLICO FEDERAL IMPUTAM AO PA-CIENTE ENQUANTO BASE FÁTICA NECESSÁRIA À LEGITIMAÇÃO DA MEDIDA!

Resolve-se, então, o pedido, eis que nada mais resta senão o deferimento da liberdade ora pleiteada.

V. DA DECISÃO JUDICIAL

Restou demonstrado em itens acima, que os argumentos utilizados pela au-toridade coatora para decretar a prisão preventiva ora combatida (ordem pública e ordem econômica) não foram, EM MOMENTO ALGUM DA INVESTIGAÇÃO EM ANDAMENTO, imputados ao Paciente.

No entanto, com o a decisão judicial sobre uma prisão preventiva pode, ao contrário da prisão temporária, se originar *ex officio*, passa-se à análise do despa-cho em si.

V.1. PONTO UM

No caso concreto, a preventiva é necessária para garantia da ordem pública e eco-nômica (em relação a todos)...
*Os crimes perpetrados se refletem em significativo abalo à ordem **pública** e espe-cialmente **econômica**, seja pelo expressivo montante envolvido nessas operações...*

seja pelos prejuízos à credibilidade de instituições brasileiras...seja pelo fundado risco de que novas fraudes da espécie venham a ser perpetradas pelo grupo.

Quanto a este último aspecto, vale destacar que não bastassem os instrumentos assinados em 2005 e 2006, objeto original da presente investigação (O e O), **no cumprimento dos mandados de busca e apreensão, em data recente (00/00/00), foram localizadas Notas Promissórias, também falsificadas, com novos supostos avais da O...**

Tal despacho elenca, em um primeiro momento, argumento que não se relaciona com a prisão cautelar, qual seja o dano causado pelo delito em si (eis que, conforme o já exposto, tal dano é objeto da "prisão-pena").

No entanto, vale destacar daqui uma observação: a autoridade judicial afirma que o risco à ordem econômica e à ordem pública que legitima o decreto cautelar existe graças ao incrível valor envolvido na operação fraudulenta. Ora, Excelências, se o delito que se imputa ao Paciente não é o da aludida fraude, como poderia, ele, estar ameaçando tais bens jurídicos?

Frise-se: se nem em seu "passado"o Paciente ameaçou tais bens jurídicos (eis que não responde pelos delitos que versam sobre tal objeto), de onde poderia surgir a presunção judicial (e não do Delegado ou do Procurador) de que, no "presente", tais riscos estariam se concretizando?

Em um segundo momento, por sua vez, a decisão contestada elenca elemento verdadeiramente cautelar (Notas Fiscais falsas), eis que, se confirmada tal situação, estar-se-á diante da perpetração de novos delitos e, conseqüentemente, da necessidade de cautela.

No entanto, vale destacar:

V.1.1. A autoridade judicial explica, adiante em seu despacho, que tais Notas foram apreendidas na residência de J; nada a ver, então, com o Paciente;

V.1.2. A autoridade judicial não utiliza a garantia da instrução processual como fonte geradora da restrição cautelar imposta ao Paciente;

V.1.3. A autoridade judicial não individualiza as condutas que permitiriam tal restrição, deixando de estipular, a cada um, os fatos que levariam à presunção de *periculum libertatis*;

V.1.4. A autoridade judicial estende ao Paciente um risco (novos delitos) que NEM MESMOS A AUTORIDADE POLICIAL OU MINISTERIAL AFIRMARAM EXISTIR; PELO CONTRÁRIO, TAL "CONCLUSÃO" SE DÁ DE MANEIRA ABSOLUTAMENTE ISOLADA NOS AUTOS!

V.1.5. A autoridade judicial imputa ao Paciente um risco que deriva de um delito que NÃO LHE É IMPUTADO!

Mais uma vez, conclui-se pela necessária revogação da ordem prisional que se abate sobre o Paciente, eis que contraria as conclusões dos órgãos de acusação sem, contudo, vincular tal contrariedade (legalmente permitida) a um fato concreto que justifique tal oposição, além de, como visto, versar sobre um risco que se atrela ao delito que NÃO FOI COMETIDO E NEM É IMPUTADO AO PACIENTE.

VI. PEDIDO DE MEDIDA LIMINAR

Os documentos em anexo refletem todos os argumentos necessários ao estabelecimento de uma presunção de "bom direito" em favor do ora Paciente.

Neste sentido:

VI.1. Primário e de bons antecedentes;

VI.2. Idoso, com filhos e netos residentes em O;

VI.3. Compareceu voluntariamente em seu primeiro depoimento junto à Polícia Federal;

VI.4. Prestou novos esclarecimentos em seu segundo depoimento, auxiliando o andar das investigações;

VI.5. Não é acusado do delito principal que envolve a obtenção de financiamentos internacionais; conseqüentemente, não teria como colocar em risco a ordem pública ou econômica, na medida em que tais critérios ficaram vinculados a tal atividade;

VI.6. Pessoa pública com uma vida de serviços prestada em prol do O, sem jamais deter uma espécie qualquer de investigação ou denúncia de irregularidade contra si;

VI.7. Não teve seu nome expressamente citado em **NENHUM** dos argumentos fáticos utilizados pela Polícia, Ministério Público e Magistratura, para pedido e deferimento de medida cautelar.

Isso posto, requer-se, em caráter EMERGENCIAL, medida cautelar que (a) conceda a liberdade provisória ao Paciente; como pedido subsidiário em sede liminar, requer-se que, caso denegada a medida na extensão ora pretendida, seja deferida medida liminar que permita o (b) **recolhimento domiciliar do Paciente**[8] e, concomitante a isso, seja (c) novamente reapreciado o pleito de liberdade provisória, ainda em sede monocrática, quando da chegada das informações a serem prestadas pela autoridade coatora.

---

[8] O Paciente, consoante petições e documentos que seguem em anexo, é portador de hipertensão e problemas cardíacos, sendo que, na madrugada do dia 23/11/2007, **teve que ser retirado da carceragem da Polícia Federal e conduzido, emergencialmente, para o Instituto do Coração**, onde se constatou uma pressão arterial na casa dos 20/11, **situação esta que gera grave risco à sua saúde e à sua própria vida**. Percebe-se, então, a plena incidência, no caso, do art. 117, II, da LEP, passo este que legitima o pedido subsidiário que ora se realiza.

No mérito, requer-se a concessão da ordem que confirme a liminar ora pleiteada, restituindo-se a liberdade a quem de Direito a merece.

Nesses termos,

Pede deferimento.

Porto Alegre, 22 de novembro de 2007

DANIEL GERBER
OAB/RS 39879

3. Habeas Corpus – trancamento de ação penal – princípio da correlação – suporte fático e justa causa para ação penal – art. 41, CPP – valoração axiológica das provas em sede de habeas corpus – nulla accusatio sine probatione.

EXCELENTÍSSIMO SENHOR DOUTOR DESEMBARGADOR FEDERAL PRESIDENTE DO EGRÉGIO TRIBUNAL REGIONAL FEDERAL DA QUARTA REGIÃO

HABEAS CORPUS
com pedido liminar <u>diferido</u>

Daniel Gerber, Advogado inscrito na OAB/RS sob o n. 39.879, com escritório sito à Rua Quintino Bocaiúva, n. 816, Moinhos de Vento, Porto Alegre/RS vem, respeitosamente, ante Vossa Excelência, interpor a presente ORDEM DE *HABEAS CORPUS* em favor de O, brasileiro, casado, empresário, atualmente sofrendo coação ilegítima ao seu direito de ir-e-vir por parte de ato do d. Juízo Federal da Primeira Vara Criminal, desta circunscrição que recebeu denúncia oferecida por parte do Ministério Público Federal (1) em desacordo com o princípio da correlação, (2) sem o devido suporte fático necessário à configuração de justa causa processual e, indo além, (3) em completa desarmonia frente dicção do artigo 41, CPP.

Isto posto, requer-se que, recebido o presente, seja-lhe fornecido, após o envio por parte da autoridade coatora das informações que lhe forem requeridas, o devido provimento liminar, ordenando-se, para tanto, o trancamento da ação penal n. 2 em relação ao ora paciente, esperando-se, ainda, seja tal decisão confirmada quando do julgamento do mérito do presente *habeas corpus*.

Pede deferimento.

Porto Alegre, 30 de janeiro de 2007.

DANIEL GERBER
OAB/RS 39879

EGRÉGIO TRIBUNAL REGIONAL FEDERAL DA QUARTA REGIÃO COLENDA TURMA CRIMINAL

DOUTOS DESEMBARGADORES FEDERAIS

I. HISTÓRICO

O paciente foi denunciado – em conjunto com mais 16 pessoas – pelo Ministério Público Federal como incurso nas sanções dos artigos 288, CP c/c 4, inc. I, alínea *a*, da Lei 8.137/90, e 90 da Lei 8.666/93 (neste, por quatorze vezes), eis que (consoante narrativa acusatorial), na qualidade de empresário do ramo de segurança privada, associou-se com os demais co-réus para fraudar licitações e impedir o desenvolvimento da livre concorrência.

A denúncia (doc.), por sua vez, quando da narrativa do "Fato 1", acaba por demonstrar a logística acusatorial frente às <u>pretensas</u> atividades deste <u>pretenso grupo</u> e, por isso, permitimo-nos transcrição de tal trecho:

> *1. Em período não especificado, mas que perdurou pelo menos <u>de meados de 2000 a outubro de 2003,</u> em Porto Alegre RS, os denunciados* **associaram-se, em quadrilha ou bando, de forma estável e permanente, para o fim de cometer crimes, especialmente contra a ordem econômica** *(art. 4, inciso I, alínea "a", da Lei 8.137/90)* **e contra a Lei de Licitações** *(art. 90 da Lei 8.666/93). Os acusados estruturaram a organização criminosa em torno da <u>A. V. R.S,</u> entidade que usaram para articular um esquema paralelo de abuso do poder econômico por parte de dez grandes empresas do ramo de prestação de serviços de vigilância privada (X), as quais, sob comando dos denunciados, eliminaram parcialmente a concorrência no setor, mediante ajuste ou acordo entre empresas (FATO DOIS). Assim associados, os acusados praticaram diversas fraudes a licitações, combinando previamente quem iria vencer certames de maior interesse comercial para o grupo, em prejuízo da livre concorrência (FATO TRÊS).*

Delimitada, na visão do MPF, a dinâmica grupal, a denúncia ainda traz em fls. 13 uma espécie de quadro sinótico onde aponta as hipotéticas atividades delituosas de cada pessoa física. Em relação ao Paciente, sua participação nas atividades delituosas do grupo teria ocorrido da seguinte forma:

> *S. G. – Proprietário da X, atuava na organização criminosa,* **realizando prévia combinação de preços e de propostas a serem apresentadas em licitações,** *prédefinindo os vencedores dos certames de interesse do grupo e usando de artifícios para evitar que outras empresas, não integrantes do esquema, saíssem vitoriosas naquelas concorrências.*

Indo além, deve-se esclarecer, desde logo, que o objeto da denúncia gira em torno de **14 procedimentos licitatórios**...*consistente na contratação de serviços de vigilância privada para diversas unidades do Ministério da Fazenda (volumes 18 a 39 do Apenso I).*

Desta maneira, e concatenando-se as assertivas acusatórias, tem-se que **os acusados (1) organizaram uma associação denominada A.V.R.S para, em torno de tal entidade,** (2) associarem-se em quadrilha ou bando e, (3) em quatorze procedimentos licitatórios, fraudá-los mediante prévia combinação de preços e propostas **a serem apresentados** perante o órgão licitante (Ministério da Fazenda), (4) prejudicando, assim, a livre concorrência.

Tal acusação já causa estranheza quando, através de superficial análise de tais procedimentos licitatórios, percebe-se que, dos quatorze narrados em denúncia, a empresa de **S. G. não participou de nenhum.**

Frise-se: se a narrativa acusatorial impõe ao Paciente a conduta de apresentar propostas previamente combinadas com demais concorrentes, em licitações específicas (as quatorze citadas em denúncia), e se um Réu se defende da narrativa, e não da capitulação típica, como se explicar o fato de que o Paciente não participou de nenhuma das quatorze licitações que são objeto de denúncia?

Sem dúvida, ter-se-ia delito caso o Paciente combinasse, com os demais concorrentes, e com intuito de fraudar o procedimento licitatório, não participar dos procedimentos elencados. No entanto Excelências, deveria o MPF, neste caso, narrar adequadamente tal situação, descrevendo e imputando a **S.G.** uma omissão delituosa, e não um agir positivo no mundo dos fatos. Configura-se, aqui, o primeiro equívoco acusatorial que, sem dúvida, eiva de nulidade todo o procedimento que hoje se ergue em seu desfavor.

Mais: se o delito imputado a **S.G.** é o de combinar preços para serem apresentados em licitações, tem-se que a referida combinação estaria catalogada na fase preparatória do *iter criminis*, e a apresentação dos preços em certame em fase executória. Ora, considerando que os preços não foram apresentados (eis que, como afirmado, o Paciente não participou de nenhuma licitação), não há que se falar em *persecutio criminis* de fase preparatória, eivando de nulidade, novamente, o presente feito.

Por fim, e ultrapassado este primeiro equívoco que, por si só, já detém poder para gerar o trancamento da ação penal ora combatida, vai-se além: partindo-se do pressuposto de que **S.G.** está sendo acusado por uma ação delituosa, e considerando que a denúncia não descreve **nenhum ato específico praticado, em tese,**

PEÇAS DEFENSIVAS NO DIREITO PENAL

por S.G.,[9] tem-se que lhe foi imputado tal agir somente pelo fato de este, através de sua empresa, participar das reuniões da denominada A.S.R.S., situação esta que, também, não pode prevalecer em um Direito Penal finalista, onde o simples fato de se participar de uma associação não traz consigo o condão de gerar responsabilidade penal.

No entanto, e ainda que o Ministério Público tenha achado por bem incluir **S.G.** na denúncia somente por este estar, em tese, vinculado à A.S.R.S., causa ainda maior estranheza o fato de o Ministério Público ter denunciado **S.G.** que, como já versado, não participou de nenhum dos certames que são objeto da denúncia e, em contrapartida, **não ter denunciado empresas outras que de tais certames participaram e que também integravam o quadro da referida A.S.R.S., em franca contradição com o próprio argumento fundador da denúncia.**

Resumindo: se o fato narrado pela denúncia imputa ao Paciente uma combinação com os demais co-réus, para fraudar procedimentos licitatórios, através de prévia combinação de propostas *a serem apresentadas em licitações*, e se tal combinação, em narrativa acusatorial genérica, lhe é imputada pelo fato de o Paciente fazer parte da A.S.R.S., era de se esperar que:

(a) pelo menos de um destes certames, a X (empresa de **S.G.**) participasse, (1) coroando, portanto, a teoria finalista da ação que, para delitos comissivos, exige uma conduta por parte do agente, (2) respeitando, também, o necessário ingresso do agente na fase executória do *iter criminis* e, por fim, (3) mantendo vívida a correta co-relação entre narrativa acusatorial e objeto processual;

(b) se a participação delituosa de **S.G.** surge apenas por força de sua inclusão nos quadros da A.S.R.S., que todas as empresas que também integravam tal associação fossem objeto de denúncia, coroando, aqui, o princípio da indivisibilidade da ação penal.

Tais incongruências, entretanto, restarão analisadas em seu momento próprio, eis que, para se demonstrar a verdadeira insensatez de se exigir que um cidadão prove, através de um processo penal, que "nada fez por nada ter feito",[10]

---

[9] Tal passo merece atenção. Quando a denúncia afirma que **S.G.** realizava acordos com intuito de fraudar licitações, o faz de maneira genérica e hipotética, não mencionando nenhuma operação em particular (data, local, modo de operação, licitação específica, etc.). A ausência de uma narrativa específica, por sua vez, demonstra claramente o ponto ora ventilado, qual seja o de que **S.** foi denunciado, apenas, por fazer parte da já mencionada A.S.R.S.

[10] O jogo lingüístico é proposital. Provar que não houve cometimento de delito, através de uma omissão, para aqueles que não se enquadram na categoria do artigo 13, § 2º, CP, é verdadeira proeza, eis que se está a falar de prova negativa. Sem dúvida o princípio da ampla defesa já carreia ao Ministério Público a obrigação de provar a acusação em todos os seus termos, não sendo necessário à Defesa, sequer, ventilar hipóteses de absolvição. No entanto, quando se imputa ao indivíduo uma omissão ilícita em situações onde ele **não tem a obrigação de agir**, a situação torna-se mais delicada, pois se está a falar, em verdade, de uma prova que somente poderia ser encontrada junto ao **absoluto subjetivismo do sujeito** – vontade de não agir para ajudar terceiros, e não

precisa-se, primeiro, analisar o próprio significado e conseqüências deste instituto persecutório, assim como suas condições intrínsecas e extrínsecas de procedibilidade.

II. O PROCESSO ENQUANTO PENA

Consoante farta doutrina e jurisprudência, o reconhecimento do próprio processo penal enquanto "pena necessária" que se impõe ao suspeito pela prática de um suposto ato delituoso torna-se inegável.

Não obstante o próprio conceito de processo penal estar inserido em uma ótica de limitação do poder de punir, eis que impositor de regras inafastáveis para o exercício legítimo da força ora sinalada, sua incidência acaba por gerar, tanto no espírito quanto no próprio corpo do acusado, por vezes, efeitos tão ou até mais drásticos do que a própria condenação.

Como mera exemplificação do alegado, quantas não são as vezes que nosso Poder Judiciário, em delitos cometidos sem violência e sem grave ameaça à pessoa, cuja pena em concreto não ultrapassa quatro anos (permitindo, assim, a aplicação de uma pena substitutiva, conforme artigo 44, CP), acaba, ante necessidades prementes, impondo uma restrição cautelar ao direito de ir-e-vir do acusado? Em casos como este que, cotidianamente, aportam perante este Tribunal Regional Federal, a premissa ora ventilada se comprova integralmente, pois a imposição do direito penal material irá gerar uma pena substitutiva, enquanto o processo, de cunho instrumental, acaba por gerar a própria restrição à liberdade.

Carnelutti já apontava tal situação, afirmando que *a justiça humana é feita assim, que nem tanto faz sofrer os homens porque são culpados quanto para saber se são culpados ou inocentes. Esta é, infelizmente, uma necessidade à qual o processo não se pode furtar, nem mesmo se o seu mecanismo fosse humanamente perfeito...o processo por si mesmo é uma tortura*[11] ...

Sobre esta visão política e funcional do processo é que irá se desenvolver o presente *habeas corpus.* Como pedido final será pleiteado, perante esta egrégia Corte, o trancamento da ação penal movida em desfavor do ora paciente e, para

---

porque "simplesmente" não quer. Tal ponto deve ser marcado durante todo o presente *habeas corpus:* qualquer empresário detém o **DIREITO** de não participar de licitações, não constituindo tal omissão, por si só, delito; pelo contrário, entra para a órbita do ilícito tão somente quando esta inação faz parte de um desejo de favorecer terceiros e, por isso, qualquer acusação que se faça deverá estar lastreada em amplo material probatório que **enuncie a existência de tal vontade**, sob pena de processar-se toda e qualquer pessoa que, simplesmente, esteja a escolher, em exercício regular de direito, as batalhas que pretende travar através do conhecimento que detém de sua empresa.

[11] CARNELUTTi, Francesco. *As miserias do processo penal,* Conan, 1995, p. 45/46.

tanto, irá se demonstrar que o Estado, na figura do Ministério Público, não logrou a satisfação das etapas mínimas e necessárias para que se possa impor uma "pena" a um cidadão.

III. DA CARGA PROBATÓRIA – *NULLA ACCUSATIO SINE PROBATIONE* – PROBABILIDADE E CERTEZA – JUÍZO DE ADMISSIBILIDADE DA ACUSAÇÃO – JUSTA CAUSA PARA AÇÃO PENAL

Irrefutável o mandamento pátrio ao ordenar que cabe à acusação desvelar hipóteses e descobrir provas, não sendo imputada ao acusado nenhuma espécie de obrigação similar e não sendo permitido, ao Julgador, utilizar apenas de seu livre convencimento na análise das postulações acusatoriais.

Ferrajoli explana tal situação através da teoria das "provas legais negativas", *según la cual, si es cierto que ninguna prueba legalmente predeterminada puede ser considerada suficiente por si sola para garantizar la verdad de la conclusión em contraste con la libre convicción del juez, ni siquiera la libre convicción puede ser considerada por sí sola suficiente a tal fin, al ser necesario que vaya acompañada de alguna prueba legalmente predeterminada.*[12]

Percebe-se, através do princípio da presunção de inocência, devidamente insculpido em nossa Carta Magna (e ainda que entendido, por muitos, como estado de inocência ou presunção de não-culpabilidade), que ao acusado é garantido o conforto de somente ser processado ou condenado quando a acusação houver provado o fato e o Direito que lhe imputa.

Por óbvio que a prova de um fato, no que tange ao juízo de admissibilidade de uma acusação, não é a mesma prova a que se refere o juízo condenatório. Pelo contrário, poder-se-ia trabalhar, aqui, com dois distintos e complementares conceitos, quais sejam o de **probabilidade e certeza**. Julio Maier, com a clareza que lhe é habitual, avaliza o argumento afirmando que *durante el transcurso del procedimiento algunos actos y decisiones intermédias exigen tan solo um fundamento de menor grado*[13]*...* Para o autor, as decisões que antecedem o julgar (e, dentre elas, o recebimento de uma denúncia) necessitam, apenas, de uma **probabilidade positiva**.

A distinção entre certeza (positiva) e probabilidade (positiva) encontra-se, por sua vez, perfeitamente delineada na lição de Malatesta. Para o autor italiano, a primeira distinção a ser realizada é entre certeza e dúvida: a certeza, em seus

---

[12] FERRAJOLI, Luigi. *Derecho y razón. Teoría del garantismo penal.* Trotta, 2000, p. 147.

[13] MAIER, Júlio B.J. *Derecho Procesal Penal. v. I. Fundamentos.* Editores del Puerto, 1999, p. 496.

dizeres, seria representada pela crença do indivíduo na percepção que pode deter entre o fato que lhe é apresentado enquanto fenômeno e sua convicção ideológica. A dúvida, no entanto, traz consigo maior complexidade. Neste sentido, afirma:

> *A dúvida é um estado complexo. Existe dúvida em geral, sempre que uma asserção se apresenta com motivos afirmativos e negativos; ora, pode dar-se a prevalência dos motivos negativos sobre os afirmativos e tem-se o* **improvável;** *pode haver igualdade entre os motivos afirmativos e os negativos e tem-se o* **crível no sentido específico.** *Pode haver, finalmente, a prevalência dos motivos afirmativos sobre os negativos* **e tem-se o provável.**[14]

Conjugando-se a lição de ambos os autores e, por óbvio, não esquecendo os dizeres de Carnelutti, somente poderá se erguer um processo-crime em desfavor de um cidadão – impondo-lhe, pois, a "pena processual necessária" – se a acusação, quando do oferecimento de sua exordial, <u>ancorar sua pretensão sobre uma probabilidade positiva</u>, passo este que, na prática, se traduz na existência de um <u>mínimo lastro probatório a ancorar prevalência dos motivos afirmativos sobre os negativos</u> ou, dito em bom português, um mínimo conteúdo probante que permita identificar a narrativa do Ministério Público como provável.

Para tanto, inclusive, é que se realiza a necessária distinção entre atos de prova e atos de investigação, sendo estes últimos necessários para *justificar medidas cautelares e outras restrições adotadas no curso da fase pré-processual e para justificar o processo ou o não-processo*[15].

Tal ponto merece destaque: na esteira da classificação de atos de prova e atos de investigação, estes últimos se caracterizam por: *a) não se referem a uma afirmação, mas a uma hipótese...c) servem para formar um juízo de probabilidade, e não de certeza...f) não estão destinados à sentença, mas a demonstrar a probabilidade do "fumus comissi delicti" para justificar o processo (recebimento da ação penal) ou o não-processo (arquivamento)*[16]...

Escancara-se, pois, a obrigação imposta ao órgão acusador de legitimar sua pretensão acusatória em atos de investigação preliminares que forneçam ao Poder Judiciário o lastro probatório <u>gerador de probabilidade aos argumentos expendidos.</u>

Insere-se, aqui, o conceito de justa causa para a ação penal. O que não se deve admitir é que o cidadão fique à mercê de um processo (que, por si só, é uma pena) baseado, tão somente, em meras possibilidades, pois "possível" tudo é.

---

[14] MALATESTA, Nicola Framarino. *A lógica das provas em matéria criminal.* Conan, 1995, p. 19.

[15] LOPES JÚNIOR, Aury. *Sistemas de investigação preliminar no processo penal.* Lúmen Júris, 2001, p. 119.

[16] Id. ibid., p. 120.

Pelo contrário, exige-se que o fato narrado pela acusação ultrapasse os limites do possível e adentre no campo do provável, sob pena de transformarmos o científico processo penal em um conglomerado de regras assistêmicas a serem utilizadas ao bel prazer do órgão acusador.

E, para que toda esta argumentação não seja analisada como expediente defensivo de alguém que tenta evitar um justo processo contra si, vale citar, novamente, o inolvidável magistério de Carnelutti que, em análise específica ao tema, assim se pronuncia:

> El ministério público, pues, antes de formar la imputación, debería si no precisamente convertir la sospecha del delito en certeza, cuando menos consolidar la sospecha, **hasta el punto de considerar probable el delito**[17] ...

Especificamente em relação ao direito pátrio, o entendimento não poderia ser diferente, até mesmo porque estamos a versar sobre uma **base ética** que deve fornecer substrato para toda e qualquer atuação de um órgão público.

Nesta senda, e ainda que se possa, hipoteticamente, trabalhar com a excepcionalidade de um ato imoral que vá ao encontro de uma base ética (por exemplo, uma prova ilícita captada pelo acusado para provar a sua inocência), tem-se que, em se tratando de órgão público, a ética somente resta afirmada através da moralidade do ato e, como conseqüência lógica de tal imposição, a ética de um ordenamento jurídico que apregoa a liberdade do cidadão, assim como seus direitos individuais, somente se encontra preservada sob uma acusação que fulcra seus dizeres na probabilidade até agora discutida (legitimidade moral).

Outro não é o entendimento de Boschi que, em obra singular sobre o tema, assevera:

> Como é dever do Estado proteger os direitos e as liberdades fundamentais e considerando, ainda, que a instauração do processo criminal gera aflições e constrangimentos de toda ordem ao imputado, segue-se que o válido desencadeamento da "persecutio criminis" pelo titular da pretensão punitiva (MP ou querelante) pressupõe que elementos de prova idôneos e legítimos apóiem a denúncia, queixa ou aditamento, de modo a evidenciar que a acusação não é absurda ou um capricho do acusador mas que, pelo contrário, reúne fidedignidade e veicula o interesse social na apuração do fato e na responsabilização de seu autor...as provas, "mesmo as provas precárias", constituem, portanto, o objeto da justa causa, embora doutrinadores de renome a confundam com o próprio interesse de agir.[18]

---

[17] CARNELUTTI, Francesco. **Principios del proceso penal.** Ediciones Jurídicas Europa-America, 1971, p. 97.

[18] BOSCHI, José Antônio Paganella. *Ação penal.* Denúncia, queixa e aditamento. AIDE, 2002, p. 131/132.

Por fim, a própria existência do artigo 12, CPP, ao afirmar que o inquérito, quando servir de base para a denúncia, deverá acompanhá-la, ou do artigo 18 do referido diploma legal, ao afirmar que a autoridade policial somente pode proceder a novas investigações mediante notícia de *outras provas,* apenas atesta o até então alegado, deixando claro que a existência de um lastro probatório apto a conduzir a hipótese acusatória do campo da possibilidade para o campo da probabilidade torna-se essencial ao correto desenrolar da ação penal.

IV. CORRELAÇÃO ENTRE DENÚNCIA E PROCESSO – DA AÇÃO COMPROVADAMENTE NÃO EXISTENTE – DA OMISSÃO COMO FATO FORMALMENTE ATÍPICO – EXERCÍCIO REGULAR DE DIREITO – ANÁLISE DA ILICITUDE EXCLUSIVAMENTE ATRAVÉS DO ELEMENTO SUBJETIVO – NECESSIDADE DE PROVA (MÍNIMA) DOS FATOS ANTECEDENTES À OMISSÃO

Dando continuidade ao raciocínio acima desenvolvido, parte-se agora para o caso dos autos, onde:

1. ao Paciente é imputado um delito que teria se concretizado através de sua ação mas, paradoxalmente, e consoante se depreende de simples leitura das atas licitatórias, tal ação – descrita em denúncia – não ocorreu em nenhuma das licitações mencionadas;

2. ao Paciente é imputado a prática de um delito pelo simples fato de este integrar uma associação de classe;

3. ao Paciente poderia ser imputado este mesmo delito a título omissivo mas, neste caso, o dever de agir, necessário à configuração do omisso enquanto ente delituoso, deveria restar ancorado em um dever normativo de agir, situação esta sequer ventilada em sede acusatorial.

Se, para ancorar uma acusação de um ato delituoso "qualquer", o substrato ético de nosso sistema processual exige, por parte do órgão acusador, um mínimo lastro probatório a lhe fundamentar um juízo de probabilidade positiva, que há de se dizer quando o fato imputado ao indivíduo somente poderia ter sido cometido por este através de uma omissão que, pelo menos formalmente, se encaixa no próprio conceito de liberdade de mercado e exercício regular de direito?

Surge, aqui, ponto de singular importância e já salientado em momento pretérito: **S.G.**, através de sua empresa X foi acusado de fraudar licitações mediante apresentação de propostas fraudulentas em certames e, no caso em concreto, não participou de nenhuma destas licitações![19]

Ora, Excelência, não bastasse a absoluta falta de correlação entre a narrativa acusatorial e os fatos trazidos ao feito, tem-se que participar de licitações em relação a um determinado órgão público é não apenas (1) um exercício regular de direito como, também, (2) uma estratégia empresarial de focar seus esforços em qualquer outro órgão ou setor que esteja licitando ou necessitando dos serviços de segurança.[20]

O que se quer demonstrar, aqui, é que a denúncia ministerial, ainda que narrasse adequadamente uma possível atividade delituosa de **S.G.** (o que não o faz, consoante o já estabelecido), estaria a imputar-lhe uma responsabilidade penal fruto de uma omissão (não participar das licitações), fato este que, em princípio, é atípico ante a inexistência do dever de agir (art. 13, § 2º, CP), somente adentrando no campo do Direito se provado o elemento subjetivo constante na omissão com intenção de fraude, prova esta que, escancaradamente, é diabólica por versar, somente, sobre a alma do sujeito que "nada faz".

Tal ponto merece destaque: se ao Paciente fosse imputado o dever de agir, bastaria ao MPF provar sua omissão para dar procedência ao pleito, assim como bastaria à defesa provar a existência de ação para demonstrar inocência. No entanto, e justamente por não existir tal dever, a não-participação do Paciente em certames licitatórios diz respeito ao seu livre direito de (não) agir em acordo com sua própria consciência, cabendo ao MPF demonstrar, claramente, o motivo pelo qual, no caso em concreto, o delito estaria a existir.

Dentro desta situação, a única hipótese que poderia legitimar a pretensão acusatorial seria alcançar uma presunção quanto ao elemento subjetivo de **S.G.** através da demonstração de que, por fatos antecedentes às referidas omissões, restaria estabelecida a causalidade entre seu não agir e a fraude nos procedimentos. Chegar-se-ia, então, ao elemento subjetivo do paciente através de deduções lógicas geradoras da já mencionada probabilidade positiva necessária ao recebimento da denúncia.

Para alcançar tal objetivo, no entanto, e por estar-se a versar sobre um raciocínio lógico dedutivo, o MPF deveria provar sua premissa maior, qual seja a de

---

[19] Tal ponto não pode ser esquecido em momento algum: das quatorze licitações narradas em denúncia, Sérgio não participou de nenhuma. Desta maneira, e somente pelo prazer de argumentar, ainda que Sérgio tivesse "combinado" preços a serem apresentados (futuro), tem-se que a não apresentação de tais preços delimitaria a combinação anterior como mera fase preparatória e, em tal hipótese, a denúncia também deveria ser rechaçada.

[20] E tal análise é extremamente complexa por parte do empresário, eis que implica a verificação de custos, possibilidade de cumprimento do contrato, atratividade das condições, etc.

que **S.G.** deixou de participar dos quatorze certames descritos em denúncia para se beneficiar de outros certames na qual teria que sair vencedor.

Frise-se: se a não-participação de **S.G.** foi fruto de uma combinação prévia, presume-se que todos os integrantes de tal combinação devem, em um determinado momento, auferir vantagem com tal sistema. Ora Excelências, o MPF, em sua narrativa, versou sobre os quatorze certames vencidos por uma única empresa mas, em momento algum, demonstrou através de fatos empiricamente constatáveis qual a contrapartida que a empresa X teria recebido!

Escancara-se, aqui, a coação ilegal na qual se transforma a presente instrução, eis que:

1. se o Réu se defende dos fatos narrados em denúncia, e se tais fatos narram uma ação, a simples prova de que tal ação não existiu já demonstra a absoluta incoerência da narrativa acusatorial, não se permitindo que um processo penal vá adiante com vício de tamanha gravidade;

2. se a denúncia narrasse uma omissão, ainda assim teria que demonstrar quais as vantagens obtidas por **S.G.** em não participar de tais certames, eis que o simples "não agir" é, em princípio, exercício regular de direito;

O prejuízo aos princípios do contraditório e ampla defesa restam evidentes. O MPF alega uma ação que comprovadamente não ocorreu mas, indo além, ainda que apontasse uma omissão, deveria, em tal caso, demonstrar claramente quais as vantagens obtidas por **S.G.**, descrição esta não realizada em denúncia. Como se defender deste tipo de acusação, se não há como provar aquilo que não foi apontado?

Em verdade Excelências, tal denúncia somente foi oferecida também em desfavor do ora Paciente por força de uma conclusão de cunho absolutamente genérico adotada em uma Nota Técnica (n. OO/0000/COGDC-DF/SEAE/MF – em anexo) emitida pela Coordenação Geral de Defesa da Concorrência, órgão vinculado à Secretaria de Acompanhamento Econômico do Ministério da Fazenda.

Sendo esta o único elemento que lastreia o dizer acusatorial, passa-se ao seu exame.

V. DA NOTA TÉCNICA – RELAÇÃO COM DENÚNCIA GENÉRICA — NECESSIDADE DE MÍNIMA INDIVIDUALIZAÇÃO DO AGIR

Antes de mais nada cumpre informar que, não obstante o *habeas corpus* não ser instrumento adequado para exame de provas, o que se requer, aqui, é o exame da valoração fornecida pelo Judiciário à prova, e não o exame desta, propriamente dita, sendo que tal posição será esmiuçada em item seguinte.

O documento ora referido – nota técnica – foi lavrado em virtude das denúncias, veiculadas pela RBS TV, sobre os cartéis das empresas de segurança no RS.

Não obstante tal documento versar sobre licitações em distintos órgãos públicos, o MPF utilizou para formular sua acusação, tão somente, o item 2 da Nota, qual seja DAS FRAUDES A LICITAÇÕES EM ÓRGÃOS DO MINISTÉRIO DA FAZENDA (narrativa da denúncia versa, apenas, sobre estes quatorze fatos).

Tal Nota, servindo de fiel embasamento para denúncia, afirma que os quatorze certames tiveram como vencedora uma única empresa, qual seja X;

Afirma, ainda, a existência de ações suspeitas por parte das demais concorrentes, como, por exemplo, inabilitações por não preenchimento de formulários;

Em item 3 (DAS INVESTIGAÇÕES REALIZADAS PELO MINISTÉRIO PÚBLICO DO ESTADO DO RIO GRANDE DO SUL), a Nota descreve duas distintas maneiras de se fraudar uma licitação, dentre elas a ausência de participação (*bid supression*, item. 7.2. da Nota);

Em item 6 (DA A.S.R.S COMO INSTRUMENTO VIABILIZADOR DO CARTEL) a Nota afirma que o cartel era viabilizado através da Associação das Empresas XXXXX do RS, integrada, esta, por 18 empresas;

Em item 10, finalmente, a Nota afirma existir elementos que autorizem a investigação sobre todos os integrantes da referida A.S.R.S.

Percebe-se, aqui, que a autoridade administrativa acreditou – de maneira adequada – que as investigações sobre os integrantes da A.S.R.S. era necessária. No entanto, Excelência, **entre investigar e processar vai uma larga distância.**

Neste sentido, e partindo-se do pressuposto de que ninguém pode ser processado somente por fazer parte de uma determinada associação (eis que permitir-se tal ato seria a legitimação processual da responsabilidade objetiva), caberia ao MPF desenvolver ou coordenar investigação que delimitasse, ao menos de maneira superficial, qual a participação efetiva dos investigados nas supostas fraudes e, através dos dados obtidos, indicasse em denúncia quais os elementos objetivos que legitimam o raciocínio de que **S.G.**, ao não participar dos procedimentos licitatórios, estava a obter ou participar na obtenção de vantagem ilícita para si e para terceiros.

No entanto, e como exaustivamente afirmado, o MPF limitou-se a imputar ao Paciente uma ação que, por si só, já resta provada como Inexistente (eis que **S.G.**

não participou de nenhuma licitação das quatorze investigadas) e, ainda que lhe imputasse uma omissão ilícita, não demonstrou onde poderia basear tal conclusão, a não ser pelo fato da X participar de reuniões da A.S.R.S.

VI. DA ANÁLISE PROBATÓRIA EM SEDE DE *HABEAS CORPUS*

Permitindo-se colação de excepcional parágrafo desenvolvido pelos doutrinadores Cezar Roberto Bitencourt e Andrei Zenkner Schmidt nos autos de *habeas corpus* que tramitou perante esta egrégia Turma, segue o trecho abaixo:

> *Da circunstância de o writ não se prestar à análise de fatos controversos, entretanto, não resulta a impossibilidade de* **valoração** *de provas relacionadas a fatos e dos fundamentos de uma denúncia no bojo desta ação constitucional, principalmente no caso de falta de justa causa para a ação penal. Nesta hipótese, teremos fato* **incontroversos**, *sendo que a ilegalidade recai sobre a) a* **valoração judicial realizada nas provas apresentadas em juízo** *e sobre b)* **a aptidão dos fundamentos utilizados pelo órgão acusador para a propositura da ação penal**. *Não se trata de necessidade de dilação probatória, mas sim de exame axiomático do suporte probatório que fundamenta uma determinada decisão, além da análise da suficiência dos fundamentos descritos na denúncia. Precisa, nesse sentido, a lição do ex-Ministro Vicente Cernicchiaro:*

> *A denúncia descreve fato típico. A falta de justa causa resulta de atipicidade, ilegitimidade do autor ou extinção da punibilidade. Nesses casos, faltará interesse para a manutenção do processo penal. Não se confunde, porém, com a falta de prova de elemento constitutivo da infração penal.* **A ausência de justa causa é constatada no plano normativo. A realização da prova, no plano fático.** *Somente a primeira se harmoniza com as características do "habeas corpus"* [STJ, RHC 1.484, rel. Min. Vicente Cernicchiaro, DJU de 21/10/1991, p. 14.753 – grifamos].

Consoante o até aqui demonstrado, o único elemento no qual o MPF ancorou sua pretensão acusatória foi a Nota Técnica emitida pelo Ministério da Fazenda que, genérica em sua recomendação de investigar, jamais poderia, *per si*, legitimar uma ação penal. Por óbvio não se requer, aqui, uma análise do conteúdo probatório do processo. Pelo contrário, discute-se apenas a espécie de valoração a ser fornecida aos argumentos Ministeriais.

Neste sentido, e voltando-se à carga, caberia à acusação, quando do oferecimento da denúncia, demonstrar quais os elementos fáticos que permitem a crença de que a empresa X deixou de participar dos certames para obter e gerar vantagem ilícita. Não o fez, limitando-se a afirmar que **S.G.** realizava *prévia combinação* de preços e, ao não indicar nenhum elemento que conforte tal presunção, torna-se óbvio que aquele foi denunciado apenas por força de vínculo precário que manteve com a A.S.R.S.

Corroborando a absoluta ausência de suporte probatório para legitimar a denúncia, é de se notar que na descrição dos fatos imputados a **S.G.** o MPF versa sobre a combinação, mas não especifica nada além de tal termo. De quanto era a combinação? Como era acertada? **S.G.** obteve vantagem na combinação ou somente não participou por não ter condições de vencer ou administrar uma eventual vitória?

Versa-se, aqui, sobre uma denúncia absolutamente genérica, onde (1) se imputa a conduta de "combinar" a alguém, (2) assevera-se que este alguém cumpriu o combinado ao (2.1.) não participar de nenhuma das licitações em tese fraudulentas[21] e, por incrível que pareça, (3) não se demonstra e (3.1.) sequer se faz menção às vantagens obtidas por esse alguém.

Tal denúncia fere de imediato a letra do artigo 41, CPP, assim como vai contra jurisprudência já pacificada que, mesmo aceitando certas omissões em uma descrição fática inicial, exigem um mínimo de suporte fático para se legitimar. Neste sentido:

> *HABEAS CORPUS.* SONEGAÇÃO FISCAL. ART. 1º, I, DA LEI Nº 8.137. TRANCAMENTO. JUSTA CAUSA. AUSÊNCIA DE INDÍCIOS DE CO-AUTORIA. PROVAS DE QUE O PACIENTE JAMAIS PARTICIPOU DAS ATIVIDADES FINANCEIRAS DA EMPRESA.
>
> 1. Se não há qualquer indicativo da colaboração do paciente na prática dos crimes, ou mesmo de que detinha poder efetivo para modificar a cadeia sistemática de irregularidades concretizadas por longo período de tempo, antes e depois de sua brevíssima participação na empresa, mostra-se inviável dar prosseguimento à *persecutio criminis.*
>
> 2. Trancada a ação penal relativamente ao co-réu, por falta de justa causa.
>
> Decisão: A TURMA, POR UNANIMIDADE, CONCEDEU A ORDEM PARA DETERMINAR O TRANCAMENTO DA AÇÃO PENAL Nº 2005.71.12.000774-7 SOMENTE NO QUE PERTINE AO ACUSADO FLÁVIO BUSCHINELLI, PROSSEGUINDO A "PERSECUTIO CRIMINIS" EM RELAÇÃO AOS DEMAIS, NOS TERMOS DO VOTO DO RELATOR (Élcio Pinheiro de Castro/HC 200604000154029). G.N.
>
> HC 80161 / RJ – RIO DE JANEIRO EMENTA: *Habeas corpus:* falta de justa causa para a ação penal: hipótese que, por imperativo da Constituição, há de abranger tanto a ilegalidade *stricto sensu,* quanto o abuso de poder, a fim de remediar a indevida instauração de processos penais não apenas por força de denúncias formalmente ineptas, mas também de denúncias arbitrárias e abusivas, porque manifestamente despidas do mínimo necessário de suporte informativo, ou, como sucede no caso,

---

[21] Dedução defensiva, eis que, como exaustivamente frisado, o MPF não alegou dita omissão em sua narrativa acusatorial.

confessadamente baseadas em mera suposição do Ministério Público: denúncia que – a partir da suspeita de ter sido determinado imóvel de entidade estatal alienado por preço inferior ao seu valor real – afirma apoditicamente, sem sequer invocar qualquer base concreta, que "em casos como tais é certo o pagamento de propinas" e, sem mais, imputa aos acusados a prática de corrupção ativa e corrupção passiva.
Relator: Min. SEPÚLVEDA PERTENCE
Julgamento: 27/06/2000
Publicação: DJ 08-09-2000 PP-00006 EMENT VOL-02003-03 PP-00503

VII. CONSIDERAÇÕES FINAIS

Consoante todo o exposto, ao Paciente:

(1) é imputado um agir delituoso, consistente em combinar e apresentar preços fraudulentos em licitações, sendo que este, por sua vez, não participou de nenhum destes certames, quebrando-se, aqui, a correlação necessária entre narrativa acusatorial e processo;

(1.1) se a prévia combinação descrita em denúncia fosse verdadeira, ainda assim não restaria delito a ser investigado, eis que o fato de **S.G.** não ter participado de nenhuma licitação exaure sua atividade nos atos preparatórios do *iter criminis*, passo este não punível;

(2) é imputada uma conduta absolutamente genérica, sem nenhuma especificação de seu agir e cujo encargo probatório deveria se dar por medida estatal, passos estes que ferem a letra do artigo 41, CPP;

(3) ainda que se versasse sobre uma omissão delituosa, estaria sendo imputada ao Paciente uma acusação sobre um não-agir que, formalmente, nada mais é do que exercício regular de direito, sem, contudo, amparar tal narrativa em suporte fático que demonstre, subjetivamente, um possível juízo de tipicidade sobre tal conduta, passo este que fere não apenas os artigos já mencionados de Lei ordinária, mas também o próprio conceito de contraditório e ampla defesa;

(4) por fim, é imposta uma pena – processo – sem que tenha havido o preenchimento de mínimas e necessárias etapas para a existência da justa causa ao implemento de uma ação penal.

Isso posto, requer-se, desta egrégia Corte, o urgente trancamento da ação penal movida em desfavor do ora paciente.

Pede deferimento.

Porto Alegre, 30 de janeiro de 2007.

DANIEL GERBER
OAB/RS 39879

4. *Habeas Corpus* – trancamento de ação penal – princípio da correlação – suporte fático e justa causa para ação penal – art. 41, CPP – valoração axiológica das provas em sede de *habeas corpus* – *nulla accusatio sine probatione* – imputação objetiva e teoria finalista da ação – impossibilidade de responsabilização de outorgante de instrumento procuratório sob pena de assunção de responsabilidade objetiva.

EXCELENTÍSSIMO SENHOR DOUTOR DESEMBARGADOR FEDERAL, PRESIDENTE DO TRIBUNAL REGIONAL FEDERAL DA QUARTA REGIÃO

HABEAS CORPUS

com pedido de liminar diferido

Daniel Gerber, brasileiro, casado, Advogado inscrito na OAB/RS sob o n. 39879, vem, respeitosamente, ante Vossa Excelência, interpor o presente *Habeas Corpus* em favor de **R. S.,** brasileiro, casado, empresário, residente e domiciliado em POA/RS, eis que vítima de coação ilegal a sua liberdade de ir-e-vir por força de recebimento de denúncia crime na Vara Judicial Criminal de Pelotas/RS em descompasso com a base fática apresentada pelo órgão Ministerial, passo esse que nega vigência direta aos arts. 12, 39, parágrafo 5º, e 41, todos do CPP, assim como aos princípios do contraditório e ampla defesa, afetando, por fim, o próprio conceito de *justa causa* para a o exercício de uma ação penal.

Isso posto, requer-se o recebimento do presente e, após a prestação de informações por parte da douta autoridade ora apontada como coatora, seja analisada e deferida medida liminar de suspensão do processo penal de n. 2000.0000/RS até o julgamento final do presente, onde, espera-se, seja obtido o trancamento da ação penal já indicada.

PEÇAS DEFENSIVAS NO DIREITO PENAL   **45**

**EGRÉGIO TRIBUNAL REGIONAL FEDERAL DA QUARTA REGIÃO
DOUTA TURMA CRIMINAL**

EXCELENTÍSSIMOS SENHORES DESEMBARGADORES FEDERAIS

Objeto.......... *habeas corpus* de trancamento de ação penal

Impetrante.....Daniel Gerber

Paciente....... R. S.

I. BREVE RELATO DOS FATOS

O Paciente, judeu descendente de foragidos da 2ª Guerra Mundial (fato que será de extrema importância para a presente narrativa), foi surpreendido em sua residência, pouco tempo atrás, com um mandado de citação criminal que lhe informava sua qualidade de Réu perante o processo n. 20000000/RS, onde, por sua vez, lhe é imputado o delito de contrabando ou descaminho, em concurso com o delito de falsidade ideológica.

Nesse sentido, e consoante cópia da denúncia em anexo, ao Paciente é imputada a conduta de importar móveis fabricados pela empresa A. I.INC., através da empresa N. T. COM. IMP. E EXP. LTDA., afirmando, na Declaração de Importação, que tais mercadorias eram novas, enquanto, em verdade, eram usadas. Tal falsidade teria ocorrido para possibilitar a importação de tais objetos que, em sendo usados, não poderiam ingressar no país (salvo sob exceções).

Não obstante tais afirmações, o fato é que a denúncia ofertada pelo nobre agente do MPF encontra-se em **absoluta desconformidade** com toda a base fática que surge dos procedimentos adotados pela Receita Federal para o caso em concreto, situação essa que deverá gerar, se não o trancamento da ação penal, pelo menos a declaração de sua nulidade com a conseqüente instauração de um inquérito policial prévio, sob pena de afronta direta ao art. 41, CPP, assim como aos princípios constitucionais da presunção de inocência, contraditório e ampla defesa.

Frise-se: a denúncia está narrando fatos que NÃO EXISTIRAM E NÃO FORAM NOTICIADOS ou, pelo menos, fatos que NÃO SE ENCONTRAM DOCUMENTADOS EM NENHUMA FOLHA DO CADERNO PROCESSUAL!

Com a devida vênia, o art. 39, § 5º, CPP, ao informar que *o órgão do Ministério Público dispensará o inquérito, se com a representação forem oferecidos elementos que o habilitem a promover a ação penal (...)* nada mais faz do que deixar claro que o Ministério Público deverá vincular a sua narrativa acusatorial aos elementos de prova que lhe sejam entregues, seja via inquérito policial, seja por qualquer outro meio lícito de investigação (representações ficais etc.). No caso em tela, tal vinculação, como afirmado, não existe, eis que o digno órgão acusatorial versa, em sua denúncia, sobre fabricação e importação de móveis **através de empresas que não aparecem em local nenhum dos autos**, parecendo, inclusive, que se enganou de caso, retratando uma operação qualquer que tenha efetivamente ocorrido, mas confundindo o nome do verdadeiro autor com o do ora Paciente.

Mais: o nobre MPF versa sobre a proibição da importação dos móveis quando, em verdade, **tais móveis foram importados mediante autorização da própria Receita Federal**, após o pagamento correto das taxas referentes ao caso.

Ora Excelência, como poderia se versar sobre algo proibido se a própria Receita Federal liberou tais mercadorias, consoante guias de pagamento em anexo?

Percebe-se, mais uma vez, o ora alegado: o nobre agente Ministerial está descrevendo fatos, em sua denúncia, que em **nada** condizem com os documentos que acompanham a exordial, situação essa que apenas reforça a urgente necessidade de se dar procedência ao pedido que ora se realiza.

Nesse sentido, os itens abaixo.

II. PRELIMINARMENTE: DA ANÁLISE PROBATÓRIA EM SEDE DE *HABEAS CORPUS* – O PROCESSO PENAL ENQUANTO "PENA NECESSÁRIA"

Não obstante o *habeas corpus* não ser instrumento apto ao exame dos elementos fático-probatórios da causa, principalmente em se considerando o início de uma instrução processual onde, pela própria fase procedimental estipulada em nosso CPP, tais elementos estejam recém sendo trazidos aos autos, tem-se que, em momento, algum resta afastada, no bojo do *writ*, a possibilidade de se examinar o valor fornecido pela autoridade judicial aos dados apresentados pelo MPF, principalmente em se tratando de discussão sobre a justa causa para uma ação penal. Tal situação, plenamente cabível pelo viés jurídico e incidente sobre o caso em tela, versa sobre fatos **incontroversos**, cuja ilegalidade ora apontada recairá sobre a) a **valoração judicial realizada nas provas apresentadas em juízo** e sobre b) **a aptidão dos fundamentos utilizados pelo órgão acusador para a propositura da ação penal**. Na lição de SCHMIDT, em análise à hipótese ora ventilada, *não se trata de necessidade de dilação probatória, mas sim de exame axiomático do suporte probatório que fundamenta uma determinada decisão, além da análise* *da suficiência dos fundamentos descritos na denúncia*,[22] sendo colacionada, pelo autor, a ilustre decisão do ex-Ministro VICENTE CERNICCHIARO:

> *A denúncia descreve fato típico. A falta de justa causa resulta de atipicidade, ilegitimidade do autor ou extinção da punibilidade. Nesses casos, faltará interesse para a manutenção do processo penal. Não se confunde, porém, com a falta de prova de elemento constitutivo da infração penal.* **A ausência de justa causa é constatada no plano normativo. A realização da prova, no plano fático.** *Somente a primeira se harmoniza com as características do "habeas corpus"* [STJ, RHC 1.484, rel. Min. Vicente Cernicchiaro, DJU de 21/10/1991, p. 14.753 – grifamos].

Como afirmado alhures, o caso que ora se discute enquadra-se, à perfeição, na hipótese do julgado supra, eis que partir-se-á, no presente *habeas corpus,* da análise exclusiva dos fatos incontroversos, demonstrando-se a esta e. Turma Criminal que, definitivamente, **a base fática utilizada pelo MPF como fonte legitimadora de sua denúncia não deveria ter sido aceita, pela autoridade *a quo*, como suficientemente adequada ao início de uma ação penal.**

A motivação do *habeas corpus*, por sua vez, é inequívoca e de marcado interesse público, eis que versa sobre os limites que se deve impor ao Estado na persecução de um determinado fato delituoso, eis que, na esteira de pacífico (e histórico) entendimento doutrinário e jurisprudencial, o reconhecimento da *persecutio criminis in judicio* enquanto "<u>pena necessária</u>" que se impõe ao suspeito pela prática de um suposto ato delituoso, torna-se inegável.

Tal ponto deve ser corretamente explicitado, eis que traduz o real interesse público que o presente *habeas corpus* traz consigo ao requerer o trancamento de uma ação penal: não obstante o próprio conceito de processo penal estar inserido em uma ótica de limitação do poder de punir, eis que impositor de regras inafastáveis para o exercício legítimo da força ora sinalada, sua incidência acaba por gerar, tanto no espírito quanto no próprio corpo do acusado, por vezes, efeitos tão ou até mais drásticos do que a própria condenação,[23] e, por isso, não pode ser instaurado sem o devido lastro probatório que lhe forneça legitimidade.

CARNELUTTI já apontava tal situação, afirmando que *a justiça humana é feita assim, que nem tanto faz sofrer os homens porque são culpados quanto para*

---

[22] SCHMIDT, Andrei Zenkner, mimeo.

[23] Como mera exemplificação do alegado, quantas não são as vezes que nosso Poder Judiciário, em delitos cometidos sem violência e sem grave ameaça, cuja pena em concreto não ultrapassa quatro anos (permitindo, assim, a aplicação de uma pena substitutiva, conforme artigo 44, CP), acaba, ante necessidades prementes, impondo uma restrição cautelar ao direito de ir-e-vir do acusado? Em casos como este que, cotidianamente, aportam perante este Tribunal Regional Federal, a premissa ora ventilada se comprova integralmente, pois a imposição do direito penal material irá gerar uma pena substitutiva, enquanto o processo, de cunho instrumental, acaba por gerar a própria restrição à liberdade.

saber se são culpados ou inocentes. Esta é, infelizmente, uma necessidade à qual o processo não se pode furtar, nem mesmo se o seu mecanismo fosse humanamente perfeito...o processo por si mesmo é uma tortura[24]*...*

Sobre esta visão política e funcional do processo é que irá se desenvolver o presente *habeas corpus.* Como pedido final será pleiteada, perante esta egrégia Corte, o trancamento da ação penal movida em desfavor do ora Paciente e, para tanto, irá se demonstrar que o Estado, na figura do Ministério Público, não logrou a satisfação das etapas mínimas e necessárias para que se possa impor uma "pena processual" a um cidadão.

III. DA CARGA PROBATÓRIA – *NULLA ACCUSATIO SINE PROBATIONE* PROBABILIDADE E CERTEZA – JUÍZO DE ADMISSIBILIDADE DA ACUSAÇÃO – JUSTA CAUSA PARA AÇÃO PENAL

Irrefutável o mandamento pátrio ao ordenar que cabe à acusação desvelar hipóteses e descobrir provas, não sendo imputada ao acusado nenhuma espécie de obrigação similar e não sendo permitido, ao Julgador, utilizar apenas de seu livre convencimento na análise das postulações acusatoriais.

FERRAJOLI explana tal situação através da teoria das "provas legais negativas", *según la cual, si es cierto que ninguna prueba legalmente predeterminada puede ser considerada suficiente por si sola para garantizar la verdad de la conclusión en contraste con la libre convicción del juez, ni siquiera la libre convicción puede ser considerada por sí sola suficiente a tal fin, al ser necesario que vaya acompañada de alguna prueba legalmente predeterminada.*[25]

Percebe-se, através do princípio da presunção de inocência, devidamente insculpido em nossa Carta Magna (e ainda que entendido, por muitos, como estado de inocência ou presunção de não culpabilidade), que ao acusado é garantido o conforto de somente ser processado ou condenado quando a acusação houver provado o fato e o Direito que lhe imputa.

Por óbvio que a prova de um fato, no que tange ao juízo de admissibilidade de uma acusação, não é a mesma prova a que se refere o juízo condenatório. Pelo contrário, poder-se-ia trabalhar, aqui, com dois distintos e complementares conceitos, quais sejam o de **probabilidade e certeza**. MAIER, com a clareza que lhe é habitual, avaliza o argumento afirmando que *durante el transcurso del procedimiento algunos actos y decisiones intermédias exigen tan solo un fundamento*

---

[24] CARNELUTTI, Francesco. *As misérias do processo penal,* Conan, 1995, p. 45/46.

[25] FERRAJOLI, Luigi. *Derecho y razón. Teoría del garantismo penal.* Trotta, 2000, p. 147.

de menor grado[26]*...* Para o autor, as decisões que antecedem o julgar (e, dentre elas, o recebimento de uma denúncia) necessitam, apenas, de uma **probabilidade positiva.**

A distinção entre certeza (positiva) e probabilidade (positiva) encontra-se, por sua vez, perfeitamente delineada na lição de MALATESTA. Para o autor italiano, a primeira distinção a ser realizada é entre certeza e dúvida: a certeza, em seus dizeres, seria representada pela crença do indivíduo na percepção que pode deter entre o fato que lhe é apresentado enquanto fenômeno e sua convicção ideológica. A dúvida, no entanto, traz consigo maior complexidade. Neste sentido, afirma:

> *A dúvida é um estado complexo. Existe dúvida em geral, sempre que uma asserção se apresenta com motivos afirmativos e negativos; ora, pode dar-se a prevalência dos motivos negativos sobre os afirmativos e tem-se o* **improvável;** *pode haver igualdade entre os motivos afirmativos e os negativos e tem-se o* **crível no sentido específico.** *Pode haver, finalmente, a prevalência dos motivos afirmativos sobre os negativos* **e tem-se o provável.**[27]

Conjugando-se a lição de ambos os autores e, por óbvio, não esquecendo os dizeres de CARNELUTTI, somente poderá se erguer um processo-crime em desfavor de um cidadão – impondo-lhe, pois, a "pena processual necessária"- se a acusação, quando do oferecimento de sua exordial, <u>ancorar sua pretensão sobre uma probabilidade positiva</u>, passo este que, na prática, se traduz na existência de um <u>mínimo lastro probatório a ancorar prevalência dos motivos afirmativos sobre os negativos</u> ou, dito em bom português, um mínimo conteúdo probante que permita identificar a narrativa do Ministério Público como provável.

Para tanto, inclusive, é que se realiza a necessária distinção entre atos de prova e atos de investigação, sendo estes últimos necessários para *justificar medidas cautelares e outras restrições adotadas no curso da fase pré-processual e para justificar o processo ou o não-processo*[28].

Tal ponto merece destaque: na esteira da classificação de atos de prova e atos de investigação, e continuando com o autor, os atos de investigação: *a) não se referem a uma afirmação, mas a uma hipótese...c) servem para formar um juízo de probabilidade, e não de certeza...f) não estão destinados à sentença, mas a demonstrar a probabilidade do "fumus comissi delicti" para justificar o processo (recebimento da ação penal) ou o não-processo (arquivamento)*[29]...

---

[26] MAIER, Júlio B.J. *Derecho Procesal Penal. v. I. Fundamentos.* Editores del Puerto, 1999, p. 496.

[27] MALATESTA, Nicola Framarino. *A lógica das provas em matéria criminal.* Conan, 1995, p. 19.

[28] LOPES JÚNIOR, Aury. *Sistemas de investigação preliminar no processo penal.* Lumen Juris, 2001, p. 119.

[29] Id. ibid., p. 120.

Escancara-se, pois, a obrigação imposta ao órgão acusador de legitimar sua pretensão acusatória em atos de investigação preliminares que forneçam ao Poder Judiciário o lastro probatório <u>gerador de probabilidade aos argumentos expendidos,</u> posição essa confortada também pelos atuais integrantes do Ministério Público como, por exemplo, PAULO RANGEL, para quem *o inquérito policial, na verdade, tem uma função garantidora*[30]*, e a investigação tem o nítido caráter de evitar a instauração de uma persecução penal, que é a instrumentalidade e o garantismo penal*[31]

Insere-se, aqui, o conceito de justa causa para a ação penal. O que não se deve admitir é que o cidadão fique à mercê de um processo (que, por si só, é uma pena) baseado, tão-somente, em meras possibilidades, pois "possível" tudo é. Pelo contrário, exige-se que o fato narrado pela acusação ultrapasse os limites do possível e adentre no campo do provável, sob pena de transformarmos o científico processo penal em um conglomerado de regras assistêmicas a serem utilizadas ao bel prazer do órgão acusador.

E, para que toda esta argumentação não seja analisada como expediente defensivo de alguém que tenta evitar um justo processo contra si, vale citar, novamente, o inolvidável magistério de CARNELUTTI que, em análise específica ao tema, assim se pronuncia:

> *El ministério público, pues, antes de formar la imputación, debería si no precisamente convertir la sospecha del delito em certeza, cuando menos consolidar la sospecha,* **hasta el punto de considerar probable el delito**[32]...

Especificamente em relação ao direito pátrio, o entendimento não poderia ser diferente, até mesmo porque estamos a versar sobre uma **base ética** que deve fornecer substrato para toda e qualquer atuação de um órgão público.

Nesta senda, e ainda que se possa, hipoteticamente, trabalhar com a excepcionalidade de um ato imoral que vá <u>ao</u> encontro de uma base ética (por exemplo, uma prova ilícita captada pelo acusado para provar a sua inocência), tem-se que, em se tratando de órgão público, a ética somente resta afirmada através da moralidade do ato e, como conseqüência lógica de tal imposição, a ética de um ordenamento jurídico que apregoa a liberdade do cidadão, assim como seus direitos individuais, somente se encontra preservada sob uma acusação que fulcra seus dizeres na probabilidade até agora discutida (legitimidade moral).

---

[30] RANGEL, Paulo. *Direito Processual Penal.* 7ª ed. Ed. Lumen Juris. Rio de Janeiro: 2003. p. 69

[31] Op. cit., p. 69.

[32] CARNELUTTI, Francesco. *Principios del proceso penal.* Ediciones Jurídicas Europa-America, 1971, p. 97.

Outro não é o entendimento de BOSCHI que, em obra singular sobre o tema, assevera:

> *Como é dever do Estado proteger os direitos e as liberdades fundamentais e considerando, ainda, que a instauração do processo criminal gera aflições e constrangimentos de toda ordem ao imputado, segue-se que o válido desencadeamento da "persecutio criminis" pelo titular da pretensão punitiva (MP ou querelante) pressupõe que elementos de prova idôneos e legítimos apóiem a denúncia, queixa ou aditamento, de modo a evidenciar que a acusação não é absurda ou um capricho do acusador, mas que, pelo contrário, reúne fidedignidade e veicula o interesse social na apuração do fato e na responsabilização de seu autor...as provas, "mesmo as provas precárias", constituem, portanto, o objeto da justa causa, embora doutrinadores de renome a confundam com o próprio interesse de agir.*[33]

Por fim, a própria existência do artigo 12, CPP, ao afirmar que o inquérito, quando servir de base para a denúncia,deverá acompanhá-la, do artigo 18 do referido diploma legal, ao afirmar que a autoridade policial somente pode proceder a novas investigações mediante notícia de *outras provas,* ou, quem sabe, do parágrafo 5º do art. 39, CPP, como já mencionado, apenas atesta o até então alegado, deixando claro que **a existência de um lastro probatório apto a conduzir a hipótese acusatória do campo da possibilidade para o campo da probabilidade torna-se essencial ao correto desenrolar da ação penal.**

Percebida, então, a necessidade de um juízo de PROBABILIDADE POSITIVA a ancorar o início de uma ação penal em desfavor do cidadão, passa-se, finalmente, ao caso em tela.

IV. DA FALHA DOCUMENTAL QUE ANCORA A DENÚNCIA

Consoante a narrativa acusatorial já citada em itens acima, o MPF afirma, textualmente, que os móveis importados pelo peticionário são de fabricação da A. I. INC., e foram importados pela empresa N. T. COM. IMP. E EXP. LTDA.

Afirma, também, que, por serem móveis usados, sua importação estaria vedada, *conforme legislação aduaneira.*

O primeiro e gravíssimo equívoco que imediatamente se constata de tal alegação é a de que a importação de tais móveis não seria permitida pela *legislação aduaneira,* eis que, consoante a farta prova em anexo (e já constante dos autos), os móveis foram DEVIDAMENTE LIBERADOS PELA RECEITA FEDERAL, MEDIANTE O CORRETO PAGAMENTO DOS TRIBUTOS DEVIDOS!

---

[33] BOSCHI, José Antônio Paganella. *Ação penal.* Denúncia, queixa e aditamento. AIDE, 2002, p. 131/132.

Ora, Excelência, se tal importação fosse efetivamente vedada, como explicar a liberação acima aludida? Se tais móveis não pudessem entrar em nosso país, como explicar o pagamento das taxas referentes ao ato de importar?

O segundo e grandioso equívoco do nobre agente Ministerial reside no fato de que tais móveis são herança familiar de uma avó do Paciente que, por sua vez, foi para o Uruguai em fuga da perseguição nazista que ocorria na década de 30, na Europa. Dito de outra forma: NUNCA SE OUVIU FALAR NA EMPRESA A., CITADA EM DENÚNCIA COMO "FABRICANTE" DOS MÓVEIS!

E, não bastasse a incrível disparidade do texto acusatório para com os fatos ocorridos, vai-se além: na Declaração de Importação utilizada pelo MPF como fonte de prova, O NOME DAS EMPRESAS A. E N. T., CITADAS EXPRESSAMENTE NA DENÚNCIA, SEQUER APARECE!!

Com o devido respeito, Excelência, a Declaração de Importação utilizada pelo MPF na ancoragem de suas afirmações foi feita por um despachante de nome C. L. M.; este, por sua vez, sequer aparece nominado na denúncia!

Em suma: narra-se a importação de móveis por (a) uma empresa que não aparece em lugar algum dos autos, fabricados por (b) outra empresa que também não aparece sequer mencionada nas provas que acompanham a denúncia quando, em verdade, tais móveis são (c) fruto da 2ª Guerra Mundial, (d) sem fabricante definido, cujo (e) despachante responsável pela operação junto à Receita Federal foi o Sr. M. que, por sua vez, (f) não aparece sequer indicado em denúncia.

Esta é a base fática que legitima um processo-crime em desfavor do cidadão brasileiro?

V. DA VERDADEIRA HISTÓRIA

Consoante o já afirmado, tais móveis foram herança de uma avó do Paciente, que, por sua vez, residia no Uruguai, após fugir da 2ª Guerra Mundial no <u>último navio</u> que obteve sucesso em tal empreitada.[34]

Ao falecer, referida Senhora deixou seus bens com uma neta que também reside no Uruguai, Sra. E., irmã do Paciente.

Essa, por sua vez, enviou parte de tal herança ao Paciente, para que a memória da avó fosse resguardada para suas gerações futuras. Em se tratando de uma família judaica, com histórico de fuga da Guerra no último navio que propiciou

---

[34] Vale destaque: esse mesmo navio (St. Louis), uma viagem após a realizada pela avó do paciente, não obteve permissão para atracar na América Latina com os refugiados de Guerra. Voltou, então, à Europa, e todos os judeus que lá foram obrigados a descer, acabaram mortos pelo Reich.

tal escape, tal procedimento é plenamente entendível e, mais, usual, eis que faz parte da tradição de tal povo manter acesa a memória das futuras gerações através de símbolos e histórias como a ora narrada.

Os móveis, por sua vez, sabe-se lá por qual motivo, foram retidos pela Receita Federal de Jaguarão/RS, e tiveram, inclusive, sua perda decretada. No entanto, o Paciente (1) contratou despachante especializado na área (Sr. C. M.), (2) enviou cartas à Receita Federal (através de uma outra irmã, residente no Brasil), (3) pagou os impostos e, finalmente, (4) resgatou para si, **de forma absolutamente lícita e dentro de todos os parâmetros exigidos pela Receita Federal**, a herança que havia escapado ao nazismo.

Fica, então, a dúvida:

1. De onde o MPF tirou o nome das empresas A. e N. T., utilizadas na denúncia?
2. De onde o MPF afirmou que a importação de tais móveis é proibida, se eles foram liberados pela própria Receita Federal?

Mais uma vez resta escancarada a absoluta ausência de base fática para o oferecimento a denúncia, que se dirá para seu recebimento.

No entanto, não fossem suficientes todos os argumentos supra, alguns pontos que versam sobre Direito merecem, ainda, consideração.

VI. A BOA-FÉ OBJETIVA; IMPUTAÇÃO OBJETIVA; TEORIA FINALISTA DA AÇÃO – CONDUTA SOCIALMENTE ADEQUADA

Em sendo ultrapassadas as alegações supra, tem-se que, no mérito, a denúncia carece, ainda, de justa causa.

Para corroborar tal idéia, parte-se, inicialmente, do próprio funcionamento da sociedade dita Moderna, suas instituições e, conseqüentemente, sua forma de **gerenciamento do risco**.

Na lição de GIDDENS,[35] por exemplo, uma das características que jamais pode ser esquecida ao se tratar de sistemas sociais oriundos da Modernidade é a necessidade de que os agentes passem a confiar não naquilo que efetivamente conhecem ou aprendem, mas, fundamentalmente, na **correta manutenção de uma sistemática inter-relacional de competências.** Desta maneira, por exemplo, ao se dirigir um automóvel, o agente não conhece e está longe de aprender as características funcionais de tal mecanismo, e, ainda assim, *confia* que o aparelho foi criado e produzido em acordo com as regras sociais básicas de competência que gerenciam o cotidiano (os freios funcionam, sinais, etc.).

---

[35] GIDDENS, Anthony. *As conseqüências da modernidade*. Trad. Raul Fiker. São Paulo: Editora da Universidade Estadual Paulista, 1991.

Tal situação nada mais é do que retrato daquilo que, nas ciências jurídicas, denomina-se "boa-fé objetiva" (para os civilistas) ou, quiçá, "imputação objetiva" (para os adeptos de Roxin e Jakobs) ou, ainda, "conduta socialmente adequada" (para os adeptos do finalismo de Welzel). Tal conceituação, por sua vez, parte do pressuposto da complexidade aliada à velocidade de informação e, por fim, da diversidade de responsabilidades concomitantes, onde um ser humano, receptor de inúmeras informações e detentor de outras não contabilizadas responsabilidades, já não pode verificar, *in loco*, se a origem de seu comportamento estava devidamente alicerçada em um agir adequado de um segundo agente, necessitando, pois, <u>confiar neste último e no serviço que lhe presta.</u>

Voltando-se a GIDDENS, *o advento da modernidade arranca crescentemente o espaço do tempo fomentando relações entre outros "ausentes", localmente distantes de qualquer situação dada ou interação face a face. Em condições de modernidade, o lugar se torna cada vez mais "fantasmagórico": isto é, os locais são completamente penetrados e moldados em termos de influências sociais bem distantes deles. O que estrutura o local não é simplesmente o que está presente na cena; <u>a "forma visível" do local oculta as relações distanciadas que determinam sua natureza.</u>*[36] g.n.

Tal posicionamento reflete-se, nas ciências jurídicas criminais, através da teoria da Imputação Objetiva que, palavras de JAKOBS, assevera: *não faz parte do papel de nenhum cidadão eliminar todo o risco de lesão de outro. Existe um risco permitido...quando o comportamento dos seres humanos se entrelaça, não faz parte do papel do cidadão controlar de maneira permanente a todos os demais; de outro modo, não seria possível a divisão do trabalho. Existe um princípio da confiança...a confiança se dirige a que uma determinada situação existente tenha sido preparada de modo correto por parte de um terceiro, de maneira que aquele que fizer uso dela, o potencial autor, se cumprir com seus deveres, não ocasionará dano algum.*[37]

Para os Finalistas, por sua vez, este mesmo panorama encontra seu eco junto ao conceito da Teoria Social da Ação que, sendo um desenvolvimento lógico do embrião finalista, entende que *as formas em que se realiza o intercâmbio do homem com seu meio (finalidade no atuar positivo e dirigibilidade na omissão da ação) não são unificáveis ao nível ontológico, porque a omissão mesma não é final, pois o emprego esperado da finalidade não existe nela. Ação e omissão de ação podem, contudo, ser compreendidas em um conceito de ação unitário, se conseguirmos encontrar um ponto de vista valorativo superior, que unifique no âmbito normativo elementos não-unificáveis no âmbito do ser. Esta síntese deve ser procurada na relação do comportamento humano com seu meio. Este é o sentido*

---

[36] GIDDENS, Anthony, op. cit., p. 27.

[37] JAKOBS, Günther. *A imputação objetiva no direito penal.* Trad. André Luís Callegari. São Paulo: RT, 2000, p. 30.

do conceito social de ação. **Ação é o comportamento humano de relevância social**.[38] (grifo original).

Percebe-se, então, que tanto pelo conceito de boa-fé objetiva (GIDDENS), quanto pelos conceitos de imputação objetiva (JAKOBS) e finalismo (WELZEL), importa saber, na verificação de eventual juízo de tipicidade de uma conduta, que a (1) confiança na realização de um comportamento (2) adequado e (3) precedente, por parte de "alguém", é a base sobre a qual recai a sociedade moderna e, conseqüentemente, os imperativos jurídicos. Voltando-se ao ensinamento de GIDDENS, *não haveria necessidade de se confiar em alguém cujas atividades fossem continuamente visíveis e cujos processos de pensamento fossem transparentes, ou de se confiar em algum sistema cujos procedimentos fossem inteiramente conhecidos e compreendidos.*[39]

Tem-se, pois, que cada Indivíduo detém competência e responsabilidade sobre organizações que lhes são próprias, em acordo com a função social que exercem, e não devem responder por erros cuja origem seja a (falta de) organização de competência e responsabilidade de terceiro (ausência de responsabilidade objetiva).

E, indo além, deve-se perceber que, ao se estabelecer uma relação de confiança com "alguém", ou com uma determinada parte do sistema, nada mais se faz do que se acreditar em uma "promessa implícita de funcionamento", promessa esta que, inclusive, gera no agente que a aceita um relaxamento de suas medidas de proteção. JAKOBS, ao versar sobre a imputação penal em uma relação de credibilidade e boa-fé assevera, sem espaço para dúvidas, que *nos casos de assunção não somente é relevante a promessa de uma prestação, mas também o abandono de outras medidas de proteção que se produzem como conseqüência da promessa; o que assume organiza, pois, mediante sua promessa, uma diminuição da proteção e deve, portanto, compensar essa menor proteção.*[40] Desta maneira, adverte ainda o autor, em relação ao alcance da norma penal, que *no quadro da proibição somente devem ser evitados resultados lesivos que não pertençam à organização de uma terceira pessoa ou da própria vítima (...).*[41]

Toda essa base de boa-fé objetiva, que alicerça o sistema social Moderno, encontra seu respaldo legal junto ao artigo 20, *caput,* CP, assim como junto aos §§ 1º e 2º do referido dispositivo.

---

[38] SANTOS, Juarez Cirino. *Direito penal:* parte geral. Curitiba: IPC, Lumen Juris, 2006, p. 91.

[39] GIDDENS, Anthony, op. cit., p. 40.

[40] JAKOBS, Günther. *A imputação penal da ação e da omissão.* Trad. Maurício Antônio Ribeiro Lopes. Barueri, SP: Manole, 2003, p. 30.

[41] Id. ibid., p. 41.

Neste sentido, se o erro sobre elemento constitutivo do tipo exclui o dolo, permitindo, tão-somente, a punição a título de culpa, em casos de negligência, imperícia ou imprudência de quem agiu, resta claro que o resultado danoso, se oriundo de um erro, não deve (a não ser excepcionalmente) ser punido, eis que preservada a boa-fé que norteia o sistema. Ainda em tal linha, se, *por erro plenamente justificado pelas circunstâncias,* se torna possível, ainda que presente o dano, uma absolvição (descriminantes putativas), novamente se percebe a preservação da boa-fé como base de interpretação e aplicação da norma jurídica, eis que, dito de outro modo, aquele que *age de boa-fé, graças ao erro plenamente justificado pelas circunstâncias, não deverá ser punido,* frisando-se, sempre, que tal justificativa poderá encontrar sua fonte, justamente, no comportamento de uma terceira pessoa (§2º, art. 20, CP).

Em outras palavras, a conjunção do parágrafo 2º do art. 20, CP, com o *caput* e parágrafo 1º do referido dispositivo conduz, inevitavelmente, à conclusão: se um terceiro erra em questões referentes ao seu nível de competência, tal erro não poderá ser imputado a outrem, eis que este último, obrigado a confiar naquilo que desconhece, minimiza seus fatores de proteção e passa a atuar, com boa-fé, na conformidade da informação recebida.

Estabelecida a premissa que norteia nosso sistema jurídico, passa-se à análise do caso em si.

O Paciente, consoante prova inequívoca já existente nos autos, contratou um despachante para desembaraçar os móveis que sua irmã havia lhe enviado e que, por falta de documentação legal, haviam ficado retidos na aduana.

Ora Excelência, DESDE QUANDO PODE SER IMPUTADO AO LEIGO, QUE CONTRATA UM ESPECIALISTA NA ÁREA PARA A REALIZAÇÃO DE UM SERVIÇO, EVENTUAL ILICITUDE QUE TAL ESPECIALISTA COMETA?

Percebe-se, aqui, partindo-se de um pressuposto de correção da denúncia em relação aos fatos ocorridos (mera hipótese *ad argumentandum tantum,* eis que, como visto, a denúncia está descompassada), que o Paciente, ainda assim, não poderia ser denunciado, eis que não teve participação direta na importação dos móveis que não contratar alguém para isso.

Mais uma vez, escancara-se a grave injustiça que o recebimento da denúncia está gerando ao Paciente que, seja pela inexistência dos fatos, seja por sua existência, não deveria estar no pólo passivo de um processo penal.

VII. CONCLUSÃO

Demonstrou-se, inequivocamente, que a douta denúncia interposta pelo MPF e aceita pela autoridade *a quo* não encontra-se adequada aos mandamentos

PEÇAS DEFENSIVAS NO DIREITO PENAL

de legislação federal citados na presente peça, especialmente em relação ao dever de vinculação dos fatos narrados para com a prova que o acompanha.

Tal descompasso, por sua vez, acaba por afetar, diretamente, tanto o contraditório quanto a ampla defesa, eis que inviável contraditar e defender teses que não se encontram amparadas em elementos fáticos que permitam a contraprova. Afeta, também, o próprio conceito de *justa causa* para uma ação penal, eis que não se considera Justo a imposição de um processo criminal sem um mínimo fático ä lhe amparar.

Demonstrou-se, também, que o Paciente não deveria ser denunciado mesmo na hipótese de serem verdadeiros os fatos narrados em denúncia, eis que tal situação seria negar a proibição de responsabilidade penal objetiva que nosso Código Penal fez questão de explicitar através de seus artigos 19 e 20, por exemplo.

O pedido liminar diferido de suspensão do processo até o julgamento final do presente, por sua vez, é justificado pelas circunstâncias do caso, eis o processo, enquanto "pena necessária", deve ser imposto somente quando presentes todos os requisitos exigidos por lei.

Isso posto, requer-se que, liminarmente, seja deferia a suspensão do processo que tramita em desfavor do Paciente para, em julgamento final, ser dado provimento ao pedido ora realizado, trancando-se a referida ação penal.

Como pedido subsidiário, que seja decretada a nulidade do despacho que recebeu a denúncia, convertendo-se, o processo, em novas diligências a serem realizadas em esfera inquisitorial.

Nesses termos,

Pede deferimento.

Porto Alegre, 3 de agosto de 2007

DANIEL GERBER

OAB/RS 39879

5. *Habeas Corpus* – efeito suspensivo em recursos constitucionais – inexistência de *periculum libertatis ex lege* – círculo temporal hermenêutico como instrumento de interpretação normativa – releitura da Súmula 267, STJ, e do art. 27, § 2º, Lei 8.038/90 – presunção de inocência *x* presunção de não-culpabilidade.

EXCELENTÍSSIMO SENHOR DOUTOR DESEMBARGADOR PRESIDENTE DO TRIBUNAL DE JUSTIÇA DO ESTADO DO RIO GRANDE DO SUL

HABEAS CORPUS
com pedido liminar

Daniel Gerber, brasileiro, casado, Advogado inscrito na OAB/RS sob o nº 39879, **José Henrique Salim Schmidt**, brasileiro, solteiro, Advogado inscrito na OAB/RS sob o nº 43.682, e **Luiz Felipe Martins Bastos**, brasileiro, solteiro, Advogado inscrito na OAB/RS sob o nº 60.574 vêm, respeitosamente, ante Vossa Excelência, impetrar a presente ORDEM DE *HABEAS CORPUS* em favor de **J. L. G.,** que foi intimado para iniciar cumprimento de pena por ordem do Exmo. Sr. Dr. Juiz de Direito da Vara de Execuções Criminais da comarca de Porto Alegre/RS, por força de decisão condenatória ainda não transitada em julgado.

Isto posto, requer seja concedida ordem em caráter liminar no sentido de suspender-se o trâmite executório da pena até julgamento final do presente onde, espera-se, seja concedida ordem, em caráter definitivo, que assegure ao paciente o direito de não iniciar o cumprimento de sua pena antes do trânsito em julgado da decisão condenatória.

Pede deferimento.

DANIEL GERBER
JOSÉ HENRIQUE SALIM SCHMIDT
LUIZ FELIPE MARTINS BASTOS

EGRÉGIA CÂMARA CRIMINAL
DOUTOS DESEMBARGADORES
HABEAS CORPUS

I. Síntese do problema

O paciente foi condenado por infração ao art. 121, § 3º, CP, perante Vara Criminal da comarca de Porto Alegre/RS.

De tal sentença, interpôs apelação que, por sua vez, julgada neste colendo Tribunal de Justiça do Estado do Rio Grande do Sul, restou julgada improcedente.

O acórdão condenatório foi devidamente contestado pela Defesa através de Recurso Extraordinário que, não tendo sido recebido, gerou agravo de instrumento que hoje tramita perante o Supremo Tribunal Federal sob o nº 70012081329.

Não obstante a inocorrência do trânsito em julgado da decisão condenatória, o Paciente foi intimado, em data pretérita, para apresentar-se perante a Assistência Social do Foro Central de Porto Alegre/RS (na data de 00/00/2006) e, assim, dar início ao cumprimento de sua pena.

Surge, destes fatos, o Direito pleiteado.

II. Presunção de Inocência x Presunção de Não-Culpabilidade – Princípios Constitucionais x Normas Infraconstitucionais: circulo temporal hermenêutico

A matéria ora em exame, muito embora conflituosa em seus desdobramentos dogmáticos, deve conduzir a um só mandamento, qual seja o da impossibilidade de se executar uma pena antes do trânsito em julgado de decisão condenatória.

Neste sentido, cumpre uma primeira análise do art. 5º, inciso LVII, de nos-sa CF.

A exegese do artigo supra proporciona entendimento, ainda encontrado em diversos autores, de que a "presunção de inocência" não se encontra abarcada por nossa Carta Magna,[42] estipulando que o inciso supra citado descreve apenas um "estado de não-culpabilidade". A diferença entre o "não-culpável" e o "presumido

---

[42] Neste sentido, MIRABETE, Julio Fabbrini, em *Processo Penal*, p. 252, afirma: "Existe apenas uma tendência à presunção de inocência ou, mais precisamente, um estado de inocência, um estado jurídico no qual o acusado é inocente até que seja declarado culpado por sentença transitada em julgado. Por isso, a nossa Constituição Federal não 'presume' a 'inocência', mas declara que 'ninguém será considerado culpado até o trânsito em julgado da sentença penal condenatória' (...).

inocente" é crucial, eis que, optando-se pela primeira alternativa, *"(...) a presunção de inocência não transforma o arguido – cujo status se mantém – em inocente, mas opera exclusivamente sobre o regime do ónus da prova".*[43]

Ao contrário, entendendo-se pela segunda opção, depreende-se, em acordo com Patrício, que:

> "(...) se é indiscutível que o princípio da presunção de inocência do arguido opera decisivamente sobre a questão da prova, não é menos verdade, a nosso ver, que esse princípio tem outra significativa incidência no processo penal: impõe que o arguido seja titular de um estatuto e receba um tratamento e uma consideração próprios de alguém que é considerado inocente e que, portanto, está no uso do seu *jus libertatis.* (...)"[44]

Frente ao ordenamento pátrio, entretanto, tal celeuma não deveria prosperar, eis que o artigo 5°, § 2°, da CF declara, expressamente, que *"Os direitos e garantias expressos nesta Constituição não excluem outros decorrentes do regime e dos princípios por ela adotados, ou dos tratados internacionais em que a República Federativa do Brasil seja parte".*[45] Considerando-se, então, a validade dos pactos internacionais aos quais nosso país tenha aderido, tem-se que, pela dicção do artigo 8°, inciso I, do Pacto de São José da Costa Rica,[46] a presunção de inocência – e não uma mera presunção de não-culpabilidade – insere-se em nossa principiologia positivada.

E também descabe a alegação de que, por força de não-preenchimento de requisitos formais no momento de sua aprovação por parte de nosso país, dita norma não vale. Pelo contrário, e em acordo com a Emenda Constitucional 45, dito pacto não alcança o valor de um princípio constitucional apenas e quando entrar em conflito com algum valor lá existente. Não obstante, se, com força de Lei Ordinária,[47] não apenas deixa de conflituar, mas, indo além, corrobora e instrumentaliza mandamento contido em nossa Carta Magna, tem-se que seu cumprimento nada mais é do que resguardo da própria Constituição. No caso em tela, o Pacto de San José da Costa Rica encontra-se nesta segunda opção, eis que corrobora e instrumentaliza tanto o valor da não-culpabilidade quanto o do devido processo penal, contraditório e a ampla defesa.

---

[43] MAURÍCIO, Artur; PINHEIRO, Rui *apud* PATRÍCIO, Rui. *O princípio da presunção de inocência do argüido na fase do julgamento no actual processo penal português* (alguns problemas e esboço para uma reforma do processo penal português), p. 34.

[44] Id. ibid., p. 34.

[45] Constituição da República Federativa do Brasil, art. 5°, § 2°.

[46] Art. 8°, inciso I, do Pacto: "Toda pessoa acusada de um delito tem direito a que se presuma sua inocência, enquanto não for comprovada sua culpa".

[47] Emenda 45 fornece ao Pacto valor de Lei Ordinária Federal.

A incidência do referido princípio em matéria processual, por sua vez, traduz-se em conseqüências junto à (1) regra probatória do feito, passando à acusação o ônus de provar o que alega, à (2) valoração da prova, manifestado, aqui, o brocardo *in dubio pro reo,* e, principalmente, como destacado de Rui Patricio em linhas acima, (3) forma pela qual o acusado deverá ser tratado no transcurso do feito, ou seja, como um verdadeiro inocente[48].

Esta última conseqüência, bem se percebe, reflete-se justamente no ponto que versa sobre a possibilidade de prender-se o mesmo antes de findo o processo e declarada sua culpa.

O fato de os Recursos Especial e Extraordinário não deterem efeito suspensivo, mesmo quando interpostos pela defesa ante uma decisão condenatória, não pode ser interpretado como autorização para que impor-se a pena que, seja direta, seja indiretamente, ainda está sob discussão.

Tal ponto é o cerne do presente *habeas corpus*: as interpretações jurisprudenciais (ancoradas em equivocada leitura da súmula 267, STJ) de norma de cunho ordinário (art. 27, § 2º, Lei 8.038/90), ao autorizarem o início de execução de uma pena antes do trânsito em julgado de decisão condenatória, somente pelo fato deste dispositivo afirmar que os *"recursos extraordinário e especial serão recebidos no efeito devolutivo",* entram em conflito direto para com mandamentos de índole constitucional, eis que tal assertiva, ao afirmar a existência de um efeito enquanto obrigação legal, não está a afastar efeito outro cujo alcance pode surgir do poder discricionário inerente ao órgão jurisdicional.

Iniciando contradita aos doutos argumentos que se posicionam favoravelmente a tais interpretações, inolvidável a lição de Hesse:

> Todos os interesses momentâneos – ainda quando realizados – não logram compensar o incalculável ganho resultante do comprovado respeito à Constituição, sobretudo naquelas situações em que sua observância revela-se incômoda.[49]

Dando suporte a tal pensamento, e partindo-se da premissa de que um Estado de vertente totalitária deu forma ao Estado Democrático de Direito, deve-se pensar também na lição de Streck. Este autor, com a pena que lhe é habitual, adverte que:

> (...) O que importa – e não parece desarrazoado afirmar isto – é que, no moderno Estado Democrático de Direito, vige o princípio da proibição do retrocesso social. Isto

---

[48] Neste sentido, ver também IBÁÑEZ, Perfecto Andrés. *Garantismo y Proceso Penal,* p. 53. O autor adverte: *"Se traduce, asimismo, en regla de tratamiento del imputado, puesto que el proceso penal como medio de intervención actúa sobre personas inocentes".*

[49] HESSE, Konrad. *A Força Normativa da Constituição,* p. 22.

porque, estando o Estado Social assegurado pelo caráter intervencionista/regulador da Constituição, é evidente que qualquer texto proveniente do constituinte originário não pode sofrer um retrocesso que lhe dê um alcance jurídico/social inferior ao que tinha originalmente, proporcionando um retorno ao estado pré-constituinte.[50]

Ora, Excelências, que em um Estado de vertente totalitária prevaleça o entendimento de que uma pena que imponha ao indivíduo restrições na liberdade de ir-e-vir pode ser aplicada antes do trânsito em julgado de uma decisão condenatória, vá lá. Este tipo de Estado, por exemplo, foi também o criador das prisões processuais obrigatórias para o apelo e o recurso em sentido estrito, mitigados somente pela Lei Fleury que, ainda assim, adequava-se ao cunho totalitário do sistema (arts. 408 e 594, ambos do CPP).

No entanto, assim como se soube, em nossa Democracia, combater as prisões acima citadas, declarando-se, perante a nova carta Constitucional, que somente a necessidade real da prisão – obtida através dos limites impostos pelo art. 312, CPP – pode justificar tal medida, tem-se que se deve saber, também, adequar a interpretação que fez o exemplo acima possível, aos mandamentos atinentes aos efeitos recursais defensivos.

O que se afirma aqui é que todo o texto é "datado[51]", refletindo o momento sociopolítico-cultural em que é escrito. As palavras continuam lá em sua forma, mas sua a interpretação é que se torna absolutamente distinta, devendo acompanhar a própria evolução do pacto social, sem esquecer, contudo, o respeito a direitos e garantias historicamente conquistadas. Neste sentido a lição de François Ost, para quem

> (...) é preciso tentar a ligação cultural do passado e do futuro, a fecundação reflexiva do projecto pela experiência e a revitalização do dado pelo possível. Contra o peso do determinismo histórico, é preciso abrir a brecha da iniciativa e da alternativa, mas contra as temporalidades manifestas de sociedades hiperindividualistas, é preciso imaginar mecanismos de concordância dos tempos.[52]

Derivado deste entendimento é que se busca, na interpretação da lei ordinária, um ponto de interseção com a nova linha constitucional, eis que somente onde ambos se encostam é que se estará versando sobre uma norma legítima. Voltando ao entendimento OST,

> (...) o famoso círculo hermenêutico encontra, aqui a sua tradução temporal: a troca semântica entre o mundo do texto e o mundo do intérprete é, aliás, a reversibilidade histórica em acto, o diálogo entre pedaços de resposta formulados no passado e in-

---

[50] STRECK, Lenio Luiz. *Hermenêutica Jurídica e(m) crise*, p. 107, nota 176.

[51] GAVER, Ruth, mimeo.

[52] OST, François. *O Tempo do Direito*, p. 17.

terrogações expressas no presente....entre mundos culturais separados por séculos, o diálogo hermenêutico, ainda que não programável, é sempre possível.[53]

Desde tal perspectiva é que se interpretam as normas ordinárias. Desta maneira, e voltando-se ao objeto do problema, o fato de a norma ordinária não mencionar o efeito suspensivo, assim como a Súmula 267 informar que a interposição de recursos sem efeito suspensivo não obsta a execução da pena, em nada impede que o Poder Judiciário, na utilização de sua discricionariedade, entenda que, diante de circunstâncias do caso concreto, seja referido efeito devidamente concedido.

III. O Caso Concreto

No presente caso, está-se a tratar de delito cuja condenação se deu por delito culposo[54], sendo o réu primário, com residência fixa, pai de dois filhos e sustento de sua família.

Com a devida vênia Excelências, não há motivo algum para que, nestas condições, sem a presença de sequer um elemento de cautelaridade, simplesmente passe a se aplicar a pena. Não está a se versar sobre um agente que desejou a prática do ilícito. Pelo contrário, sua finalidade era lícita e socialmente recomendada, restando a discussão, apenas, na ocorrência ou não erro de sua parte. Má vontade, jamais!

IV. O Pedido

Compreendida a Constituição como sendo a verdadeira "lei maior", não apenas no plano normativo-formal mas, principalmente, no plano material, frente às garantias substanciais que visa a fornecer, depreende-se que, ao se versar sobre "direito constitucional" ou, utilizado aqui como sinônimo, "constitucionalismo", estar-se-á versando sobre "(...) a técnica jurídica pela qual é assegurado aos cidadãos o exercício dos seus direitos individuais e, ao mesmo tempo, coloca o Estado em condições de não os poder violar".[55]

No caso em tela, a correta temporalização dos efeitos recursais defensivos deve obedecer ao preceito de que, antes do trânsito em julgado de sentença condenatória, não se está a falar de um culpado; desta maneira, ainda que diante da

---

[53] OST, FRANÇOIS, idem, p. 32.

[54] Ou seja: Não se fala, sequer, da presença dos requisitos básicos ao decreto de uma prisão preventiva que, em sua estrutura inicial, reclama a presença do dolo!

[55] LOPES, Maurício Antônio Ribeiro, *Princípios Políticos do Direito Penal*, p. 49.

ausência de previsão expressa do efeito suspensivo para determinadas modalidades recursais, e sem contrariar súmula de nosso Superior Tribunal de Justiça, a imposição de pena não deverá ser legitimada sem cuidadosa análise do caso em concreto, sob risco de inutilizar-se, no mundo fático, as garantias que, arduamente, conquistou-se no mundo jurídico.

Não obstante as considerações acima, tal análise não ocorreu junto ao presente feito, tendo sido expedido mandado de execução de pena baseado, tão-somente, na aplicação mecânica da Lei.

Isto posto, requer-se medida liminar que suspenda a execução da pena que ora quer se ver executar para, ao final, seja a ordem confirmada em seu mérito, garantindo-se ao paciente o Direito de não cumprir pena antes de sua condenação definitiva.

Pede deferimento.

Porto Alegre,19 deabril de 2006

DANIEL GERBER
OAB/RS 39879

6. *Habeas Corpus* – retroatividade da Lei 11.343/06 – efeitos do § 3º, art. 33, da Lei, sobre a Teoria Geral do Crime – discussão sobre dolo específico e necessidade de nova instrução – nulidade do processo – efeitos do § 4º, art. 33, da Lei, sobre a Teoria Geral da Pena – necessidade de fundamentação expressa sobre a não-aplicabilidade de causa especial de diminuição de pena – nulidade da decisão no que tange ao cálculo de pena – suspensão de mandado de prisão já expedido

EXCELENTÍSSIMO SENHOR DOUTOR MINISTRO PRESIDENTE DO EGRÉGIO SUPERIOR TRIBUNAL DE JUSTIÇA

HABEAS CORPUS

com pedido liminar

Matéria exclusivamente de Direito – retroatividade de lei penal benéfica

Omissão da decisão quanto à aplicação – ou não – de causas especiais de diminuição de pena oriunda de lex mitior – quebra do sistema tri-fásico

Mandado de prisão já expedido

DANIEL GERBER, brasileiro, casado, Advogado inscrito na OAB/RS sob o n. 39879, com escritório na Rua Quintino Bocaiúva, n. 816, POA/RS vem, respeitosamente, ante Vossa Excelência, interpor a presente ordem de *HABEAS CORPUS* em favor de **A. S.**, brasileiro, solteiro, estudante, residente e domiciliado em Porto Alegre/RS, em virtude de coação ilegal que lhe é imposta através de acórdão condenatório já transitado em julgado que, prolatado sob a égide da Lei 11.343/06, **omitiu-se** tanto em relação ao parágrafo 3º quanto em relação ao parágrafo 4º, ambos de seu art. 33 (causas especiais de diminuição de pena), quebrando, conseqüentemente, o sistema trifásico de cálculo de pena imposto pelo art. 68, CP.

Isso posto, e pelos motivos adequadamente expostos em item próprio ("Do pedido liminar"), requer-se o deferimento da ordem ora pleiteada, em caráter liminar, **suspendendo-se a eficácia de mandado prisional já expedido** para, ao fim, seja decretada a nulidade da decisão condenatória e o envio dos autos à instância *a quo* para a correta justificação do cálculo de pena a ser imposta ao Paciente.

EXCELENTÍSSIMO SENHOR DOUTOR MINISTRO RELATOR DOUTO COLEGIADO

SUPERIOR TRIBUNAL DE JUSTIÇA

Impetrante.................. Daniel Gerber

Paciente..................... A. S.

Autoridade Coatora......Terceira Câmara Criminal do Tribunal de Justiça/RS

Coação apontada....... Ausência de retroatividade de lei benigna – afronta aos §§ 3º e 4º do art. 33 da Lei 11.343/06 e ao art. 2º do CP; afronta ao contraditório e ampla defesa.

Histórico do caso

O peticionário foi condenado, com decisão já transitada em julgado, ao cumprimento de 03 (três) anos de reclusão, em regime inicialmente fechado, por infração ao art. 12 da Lei 6.368/76, vigente na época dos fatos. Condenado, pois, na pena mínima então vigente.

As decisões condenatórias de primeira e segunda instância, por sua vez, entenderam pela existência de tráfico de drogas, e não de mero uso, por força de dois argumentos, quais sejam (1) a quantidade de droga apreendida (259,93 gramas) e (2) o local onde o peticionário se encontrava no momento da apreensão, consoante trecho abaixo destacado do d. acórdão:

> Como muito bem posto no r. ato sentencial, o réu foi surpreendido por agentes da autoridade policial, tendo consigo grande quantidade de substância entorpecente (259,93 gramas), em conhecido ponto de venda de drogas, bem como foi apreendida importância em dinheiro.

Em nenhum momento, como se viu acima e será abordado adiante, a decisão coatora ventilou a hipótese de mercancia.

Pois bem: o primeiro argumento que legitima o presente *habeas corpus* encontra-se nas exigências que a Lei 11.343/06 passa a impor em sede de Teoria Geral do Delito e Teoria Geral da Pena.

Nessa senda, e consoante abaixo narrado deverá ser percebido que, em sede de (1) Teoria Geral do Crime, a análise do *dolo específico* do agente se tornou novamente necessária após a edição do diploma supracitado, que, em seu art. 33, parágrafo 4º, criou a figura típica do *tráfico privilegiado,* e, em sede de (2) Teoria Geral da Pena, a redução de pena prevista em tal dispositivo legal deverá ser utilizada pelo Juiz ou, se afastada, devidamente justificado tal afastamento, em consonância com o estabelecido junto ao art. 68, CP. Restará provado, ao fim, que a douta decisão condenatória recusou-se expressamente a tais abordagens, situação essa que nega vigência ao texto de lei e, também, aos princípios do contraditório e ampla defesa.

II. O artigo 33, § 3º, da Lei 11.343/06, e a Teoria Geral do Crime – Da figura do tráfico privilegiado – o dolo genérico como elemento do delito em sua forma simples – o dolo específico como elemento do delito em sua forma privilegiada – retroatividade de lei benigna

A Lei 11.343/06, em seu artigo 33, § 3º, trouxe ao cenário legislativo pátrio a figura do tráfico privilegiado que, em sua dicção, contempla a conduta de *oferecer droga, eventualmente e sem objetivo de lucro.*

Percebe-se, facilmente, que o objetivo específico do agente (não obter lucro) poderá ser motivo de significativa redução de sua pena. Desta maneira, torna-se correto afirmar que, após a vigência da novel legislação, não basta ao Poder Judiciário análise do dolo genérico do agente para a correta classificação de sua conduta; pelo contrário, a análise de seu dolo específico, por deter significativa repercussão em seu direito à liberdade, torna-se elemento essencial de persecução, sem a qual a incidência de toda e qualquer pena torna-se, irremediavelmente, nula.

No presente caso, e consoante cópia integral do acórdão condenatório que acompanha a presente peça, pode-se perceber que referida decisão em momento algum se pronunciou sobre a existência, no caso, da novel figura típica denominada "tráfico privilegiado", limitando-se a diferenciar a figura do usuário e do traficante.

Tal ponto é de suma importância: a douta decisão, ora guerreada, justificou seu entendimento pelo tráfico de drogas sem, em momento algum, mencionar a mercancia como direcionamento da vontade do agente. Pelo contrário, afastou expressamente a abordagem de tal tema ao utilizar verbos outros (*trazer consigo e/ou ter em depósito*) que não o de *vender*. Tal posicionamento, pela dicção da Lei 6368/76, estaria correta, pois *ter em depósito* substância entorpecente para, esporadicamente, sem intuito de lucro, oferecê-la aos amigos, era considerado tráfico *propriamente dito*, equiparado à *mercancia*. Não existia, nessa época recém-passada, a necessidade de se abordar, tanto na instrução processual (como tese de defesa) quanto em decisão judicial de mérito, qual o elemento subjetivo *específico* do agente (dolo específico), eis que bastava o dolo genérico de estar realizando uma das inúmeras condutas do seu art. 12.

No entanto, pela nova Lei 11.343/06, se a intenção do agente – elemento subjetivo do tipo, necessário ao correto juízo de tipicidade da conduta – era ter drogas em depósito para usá-las da maneira acima narrada (sem o intuito de lucro, com pessoas de suas relações, esporadicamente), tem-se que a figura típica *continua sendo tráfico*, mas na sua forma privilegiada. Ditou de outra forma, a Lei 11.343/06 supriu, através da reinserção da figura do *dolo específico* na conduta de tráfico, uma lacuna há muito reclamada pela sociedade, qual seja a de não se confundir um traficante que movimenta o mercado selvagem do crime com um criminoso menor, que usa drogas e, irresponsavelmente, as oferece para amigos.

E, na esteira de tal transformação, torna-se óbvio que uma decisão judicial já não pode mais se furtar à análise direta do elemento *mercancia* enquanto motivador da conduta praticada pelo agente, sob pena de estar negando, expressamente, vigência à Lei Federal.

Frise-se: a nova legislação, obviamente retroativa naquilo que traz de melhor ao Indivíduo (art. 2º, CP), exige da autoridade julgadora não apenas a outrora suficiente análise sobre o *tráfico*, mas, também, a abordagem de *qual o elemento subjetivo do agente na sua traficância*, situação essa, como visto, inocorrente e, conseqüentemente, eivada pela nulidade por negar vigência ao texto expresso da Lei Federal.

III. O artigo 33, § 3º, da Lei 11.343/06, e a Teoria Geral da Pena – a obrigatoriedade do Juiz em explicitar, de ofício, os motivos pelos quais deixa de aplicar causa especial de diminuição de pena.

Não obstante ter restado claro que a figura do tráfico privilegiado exige, em sede de Teoria Geral do Crime, uma nova espécie de persecução criminal (busca do dolo específico), o fato é que o legislador, ao tipificar tal ação, o fez por meio de um instituto de Direito tradicional à Teoria Geral da Pena, qual seja uma "minorante".

Pois bem: como absolutamente uníssono em doutrina e jurisprudência, o Magistrado, na aplicação da pena, deverá justificar cada um de seus passos, sob pena de nulidade da decisão no que tange a tal conteúdo. Referida nulidade, por sua vez, encontra-se sanada, tão-somente, quando a ausência de justificação não se traduz em prejuízo ao acusado, passo este que não é o ora retratado. Pelo contrário, a decisão coatora deixou de aplicar causa que reduz, sensivelmente, a pena imposta ao Paciente e, por isso, deveria ter justificado tal posicionamento.

Frise-se: o dispositivo legal em comento, muito embora traduza significativa mudança de abordagem na Teoria Geral do Delito, é, ao fim, uma **privilegiadora (causa especial de diminuição de pena/minorante)**, e, nesta condição, **somente poderá ser afastada se justificadamente**. Em suma, a omissão do acórdão condenatório quanto à existência ou não de tráfico privilegiado é, também, um desrespeito, por parte da d. autoridade *a quo,* ao art. 68, CP que, instituindo o sistema tri-fásico de aplicação da pena, obriga o Julgador a justificar, minuciosamente, cada uma das etapas percorridas no cálculo da sanção.

E, por óbvio, <u>nem há que se dizer que o Paciente está condenado na pena mínima e que, por isso, a ausência de justificação não se traduz em prejuízo, eis que as **privilegiadoras** são, justamente, as raras condições que permitem a quebra de tal patamar.</u>

Percebe-se, então, que a omissão do d. acórdão quanto à intenção ou não de mercancia foi, também, uma omissão quanto à justificativa de uma causa especial de diminuição de pena, passo este que deverá conduzir, necessariamente, à nulidade da decisão no que tange ao ponto ora suscitado, sob pena de negar-se vigência ao art. 33, § 4º, da Lei 11.343/06, ao art. 68, CP, ao contraditório, ao devido processo legal e à ampla defesa.

O segundo argumento que nega vigência ao texto expresso de Lei reside em ponto que *até mesmo o Ministério Público havia concordado* e que, no presente caso, influencia diretamente na liberdade de ir-e-vir do peticionário.

IV. Da redução de pena – art. 33, § 4º, Lei 11.343/06 – declaração de nulidade em relação ao quantum de pena

O peticionário, na qualidade de **primário, de bons antecedentes, e não dedicado a atividades criminosas**, tinha direito inequívoco à redução de pena constante no § 4º do art. 33 da Lei 11.343/06, e tanto a d. Câmara Criminal foi provocada que, no *relatório* do acórdão guerreado, ainda consta:

O apelo foi contra-arrazoado, **acolhendo parcialmente a apelação**, *somente para o efeito de aplicar-se a causa de diminuição de pena prevista no § 4º do art. 33 da Lei n. 11.343/06, à pena privativa de liberdade de três anos de reclusão, aplicada com base no art. 12, da Lei 6.368/76.*

No entanto, quando do *voto*, tal tese, *aprovada pelo próprio MP*, sequer é mencionada, negando, através de omissão, vigência ao texto expresso da Lei.

Frise-se: **o acórdão simplesmente ignorou a aplicação da causa especial de diminuição de pena ora mencionada**, sequer mencionando-a quando da decisão propriamente dita.

Ora Excelências, considerando que essa d. Casa não pode, sob pena de supressão de instância, aplicar a redutora ora sinalada, nada mais resta senão, a teor do já requisitado em item acima, declarar-se nula a decisão, no que tange ao *quantum* da pena imposta ao peticionário para, devolvendo os autos à instância *a quo*, provocar o suprimento de tal omissão. E, para não repisarmos argumentos, reportamo-nos ao já escrito nos itens anteriores que, ao fim, versam sobre o mesmo objeto (omissão de justificativa no afastamento de causa de diminuição de pena).

V. Do pedido liminar – o risco de uma prisão já cumprida

Consoante o acima narrado, não bastasse a nulidade da decisão pela ausência – assim escolhida – de enfrentamento do dolo específico do agente, tem-se que a aplicação do art. 33, parágrafo 4º, da Lei 11.343/06, torna-se inequívoca, passo este que irá conduzir a pena do peticionário para um patamar inferior aos três anos hoje existentes (podendo, inclusive, chegar até um ano).

Nesse diapasão, e em se considerando que o peticionário, do flagrante à ordem de soltura, ficou preso provisoriamente por cinco meses, tem-se que o prazo para progressão de regime já teria se passado, tornando injustificado o seu recolhimento ao regime fechado.

O *fumus bonis iuris*, como afirmado exaustivamente, é de solar clareza, pois o Paciente é primário, de bons antecedentes, enquadrando-se à perfeição na citada disposição legal.

O *periculum in mora*, também óbvio, eis que o mandado de prisão já foi expedido, aguardando, apenas, seu cumprimento por parte do Ilmo. Sr. Oficial de Justiça.

VI. Conclusão

Na esteira do até aqui desenvolvido, percebeu-se que a decisão coatora afastou, justamente, o elemento que deveria analisar, qual seja o dolo específico do Paciente. Tal afastamento, por sua vez, provoca a imediata nulidade da pena registrada em sentença e confirmada no acórdão, eis que deixa valorar causa especial de diminuição de pena.

E, por óbvio, enquanto causa especial de diminuição de pena, deve ser obrigatoriamente – e, portanto, de ofício – analisada, sob pena de quebra do princípio tri-fásico de aplicação da pena imposta pelo art. 68, CP.

O pedido que se faz, então, é o de nulidade da decisão coatora, no que tange à classificação típica do comportamento do Paciente ou, subsidiariamente, nulidade quanto ao *quantum* da pena imposta, eis que ignorada a terceira fase de cálculo de pena.

Nesses termos,

Pede deferimento.

Porto Alegre, 7 de agosto de 2007

DANIEL GERBER
OAB/RS 39879

7. *Habeas Corpus* – nulidade de interceptação telefônica – excesso de prazo – renovação automática e ausência de justificação exigida por lei – quebra do *due process of law* – ilicitude *x* ilegitimidade da prova – da separação entre juiz e promotor – *ne procedat iudex ex officio*

EXCELENTÍSSIMO SENHOR DOUTOR DESEMBARGADOR PRESIDENTE DO EGRÉGIO TRIBUNAL DE JUSTIÇA DO ESTADO DO RIO GRANDE DO SUL

HABEAS CORPUS

Daniel Gerber, brasileiro, casado, Advogado inscrito na OAB/RS sob o número 39879, **Luiz Felipe Martins Bastos,** brasileiro, solteiro, Advogado inscrito na OAB/RS sob o número 60574 e **José Henrique Salim Schmidt,** brasileiro, solteiro, Advogado inscrito na OAB/RS sob o número 43698, vêm, respeitosamente, ante Vossa Excelência, interpor a presente ordem de *HABEAS CORPUS* em favor de **A. F. S.**, brasileiro, empresário, atualmente recolhido ao Presídio da comarca de Taquara/RS, por ordem da d. autoridade judiciária da Primeira Vara Criminal de Taquara/RS que, em autos do processo 070/2.06.0001007-7, deferiu inúmeras interceptações telefônicas em desrespeito aos artigos 4 e 5 da Lei 9296/96, passo este que influencia diretamente em sua liberdade de ir-e-vir.

Isto posto, requer-se medida liminar que conceda a ordem ora pleiteada para, em julgamento derradeiro, ser confirmada dita decisão.

Pede deferimento.

Porto Alegre, 11 de dezembro de 2006

DANIEL GERBER
OAB/RS 39879

EXCELENTÍSSIMOS SENHORES DOUTORES DESEMBARGADORES
DOUTA CÂMARA CRIMINAL

Paciente....... A. F. dos S.

Impetrante... Daniel Gerber

Objeto......... nulidade de despachos que deferiram interceptação telefônica; invalidação da prova obtida através dos despachos nulos

I. FATOS

O paciente se encontra preso por força da denominada "Operação Paranha-na", levada a cabo pela Sétima Promotoria Especializada da comarca de Porto Alegre/RS, sendo acusado por estelionato, formação de quadrilha e lavagem de dinheiro (cópia da denúncia em anexo).

Consoante a farta documentação em anexo (mas que, não obstante farta, se refere a pequenos trechos dos autos que, hoje, já contam com mais de quinze volumes), o Juiz da Primeira Vara Criminal de Taquara/RS, por inúmeras vezes, deferiu interceptações telefônicas solicitadas pelo Ministério Público através dos seguintes dizeres (doc. 01):

> *Senhor Gerente:*
> *Comunico a Vossa Senhoria que foi deferido por este Juízo, pelo prazo de* **quarenta e cinco (45) dias**, *a quebra de sigilo telefônico dos ns......., para proceder a intercep-tação do fluxo de comunicações, em sistema de telemática originadas e recebidas pelo telefone acima referido, bem* **como prorrogado o prazo automaticamente** *por mais quarenta e cinco (45) dias...*

Do despacho acima – que aqui é transcrito em caráter exemplificativo na medida em que repetido por inúmeras vezes durante as investigações Ministeriais – depreende-se a absoluta negativa de vigência aos artigos 4° e 5° da Lei 9.296/96, eis que escancarada a afronta aos limites temporais impostos pelos comandos legislativos apontados. Será diretamente ventilada, como tese central do presente *habeas corpus*, a discussão sobre ilicitude e ilegitimidade da prova por força dos meios utilizados para obtê-la; indiretamente, se versará sobre as conseqüências jurídicas da declaração de ilicitude ou ilegitimidade ora suscitadas, recordando que desde há pelo menos vinte anos, com o julgamento do *habeas corpus* n. 63.834-SP, julgado pelo STF em 1986, nossa Suprema Corte declara que *os meios de prova ilícitos não podem servir de sustentação ao inquérito ou à ação penal*, eis que tais situações *cerceiam a defesa e inibem o contraditório*.[56] Por fim, se irá requerer o desentranhamento de toda e qualquer transcrição de conversa obtida mediante interceptação telefônica que derive da prova colhida em desacordo com o mandamento legal.

Não obstante o objeto jurídico do presente *habeas corpus* estar circunscrito aos itens acima delineados, faz-se necessário, antes de entrar-se no mérito da questão, uma breve mas incisiva consideração sobre o exemplo social que o Poder Judiciário, através de seus agentes, deve prestar.

Nesta senda, não se pode jamais olvidar que o substrato ético de um determinado grupo social é constantemente reforçado em seus laços de solidarie- ·dade através do bom exemplo que as autoridades públicas devem prestar. Em pólo oposto, o mau exemplo acaba por gerar uma cadeia de desresponsabilização social que, em seu grau máximo, tangencia com o conceito estrito da anomia (vide o exemplo que as ineficazes CPIs geram no imaginário social brasileiro).

No caso específico do Poder Judiciário, a segurança jurídica buscada pelo cidadão encontra seu máximo respaldo quando e através de decisões que reflitam adequação ao comando normativo, eis que o Juiz, ao respeitar a Lei, gera a sensação social de que a ordem se faz presente. Por óbvio tal adequação não significa uma amarra, mas, tão somente, um referencial hermenêutico a ser utilizado como fonte primária de decisão e, por vezes, digno de ser ultrapassado através de uma decisão devidamente fundamentada na singularidade do problema.

Nada mais, em verdade, do que a aplicação concreta do princípio da proporcionalidade, estando a Lei classificada como referencial para situações derivadas de um estado de normalidade e podendo ser ultrapassada, tão somente, em casos de exceção devidamente justificados em sua singularidade.

Dito de outra forma: cada vez que uma autoridade judiciária ordena ato a ser praticado em desrespeito ao comando normativo, das duas uma:

(1) ou justifica tal ordem na excepcionalidade da questão tópica e, nesta situação, o aludido desrespeito será apenas aparente, eis que preservada a harmonia do sistema através da relativização normativa que os princípios constitucionais permitem existir ou,

(2) ao não justificá-la, está verdadeiramente a desrespeitar as regras que regem o *due process of law* e, em tais situações, estará não apenas gerando atos inválidos pelo ponto de vista jurídico como, indo além, estará a imprimir no espírito dos ordenados (cidadãos aos quais se dirige a norma e sua aplicação) a impressão de que sequer o Poder Judiciário cumpre adequadamente as regras do jogo;

---

[56] RHC n. 63834-SP – 2ª T. do STF – j. 18.12.1986 – pres.: Min. Djaci Falcão – RTJ, v. 122, p. 47 *et seq.*, out./87).

No caso em tela e, como já dito, antes de adentrar-se ao mérito dos pontos já delineados, torna-se necessário transcrever trecho de dois pareceres de companhias telefônicas que, ao receberem o despacho que acima se destacou em caráter exemplificativo, assim se posicionaram:

Trecho de parcer da companhia VIVO, fls. 533 dos autos (doc. 02):

Preliminarmente, cumpre-nos informar que todas as providências para atendimento do Ofício em referência foram tomadas imediatamente ao seu recebimento, ou seja, foi implementada a interceptação telefônica da linha supra citada pelo **prazo de 90 (noventa) dias,** *a contar de* **20/01/2006.**
Todavia, destacamos que de acordo com artigo 5 da Lei 9.296/96.....
Outrossim, aproveitamos o ensejo para, respeitosamente, solicitar a V.Exa., que as próximas solicitações desta natureza sejam realizadas, na forma do artigo 5 da Lei 9.296/96, sendo, desta forma, deferida a interceptação telefônica pelo prazo de 15 (quinze) dias, prorrogáveis pelo mesmo período, sucessivamente, até que se omplete o período desejado para a investigação em curso.

Trecho do parecer da companhia TIM, fls. 556 dos autos (doc. 03):

(...) Considerando o artigo 5, da Lei 9296/96 e as decisões das altas Cortes, solicitamos a Vossa Excelência a reconsideração do pedido, pois, a duração máxima da interceptação telefônica é de 15 dias, podendo ser renovada quantas vezes se fizerem necessárias...

Os pareceres supradestacados, como saltam aos olhos, explicitam o desconforto das companhias telefônicas em relação ao que lhes fora ordenado pela autoridade apontada como coatora, eis que muito distante – a ordem judicial – do comando legislativo e, para agravar, sem nenhuma exposição de fato ou direito a justificar tal singularidade. Em suma, um desrespeito real, e não apenas aparente, de lei ordinária federal.

Firma-se, aqui, o ponto que servirá como pano de fundo para as digressões jurídicas a seguir expostas: será adequado que uma ordem judicial seja de tal maneira distante do referido em Lei que gere, em corpos jurídicos das empresas ordenadas, o medo de, ao cumpri-la, desrespeitarem o sistema jurídico?

Este é o questionamento que norteia os itens abaixo:

II. ADMISSIBILIDE PROBATÓRIA – DA PROVA ILÍCITA – ILICITUDE E ILEGITIMIDADE

Na lição de Antônio Magalhães Gomes Filho,[57] ao se discutir o conceito de admissibilidade de prova estar-se-á, em verdade, a criar obstáculos que visem a

---

[57] GOMES FILHO, Antônio Magalhães. *Direito à Prova no Processo Penal.* São Paulo: Revista dos Tribunais, 1997, p. 95

impedir a utilização de elementos espúrios e inidôneos na reconstrução dos fatos por parte do Poder Judiciário.

COMO REQUISITO ESSENCIAL DE ADMISSIBILIDADE DE ELEMENTO QUALQUER COMO MEIO DE PROVA ESTÁ, POR SUA VEZ, O RESPEITO AOS COMANDOS MATERIAIS E PROCESSUAIS DE NOSSO SISTEMA JURÍDICO, e, neste ponto, praticamente pacífica tanto doutrina quanto jurisprudência.

Corroborando tal linha, Alexandre de Moraes defende igual teoria realizando, ainda, a clássica distinção entre provas ilícitas e provas ilegítimas. Para o autor,

> (...) enquanto as "provas ilícitas" são aquelas obtidas com infringência ao direito material, as "provas ilegítimas" são as obtidas com desrespeito ao direito processual. Por sua vez, as "provas ilegais" seriam o gênero do qual as espécies são as provas ilícitas e as ilegítimas, pois configuram-se pela obtenção com violação de natureza material ou processual ao ordenamento jurídico.[58]

Ainda em tal esteira de pensamento, Ada Pellegrini Grinover entende que,

> (...) por prova ilícita, em sentido estrito, indicaremos, portanto, a prova colhida infringindo-se normas ou princípios colocados pela Constituição e pelas leis, freqüentemente para a proteção das liberdades públicas e dos direitos da personalidade e daquela sua manifestação que é o direito à intimidade. Constituem, assim, provas ilícitas, as obtidas com violação do domicílio (art. 5º, XI, CF) ou das comunicações (art. 5º, XII, da CF) ... as colhidas com infringência à intimidade (art. 5º, X, da CF) etc.[59]

Neste sentido, ainda, Luiz Francisco Torquato Avolio[60], Rodrigo Pereira Mello,[61] Tourinho Filho,[62] Fernando Capez,[63] Ricardo Raboneze[64] etc.

Percebe-se, então, que um determinado elemento somente poderá ser valorado como prova se, em sua colheita, foram respeitados os preceitos de direito material e processual porventura existentes ao ato.

No caso de interceptações telefônicas, algumas considerações se destacam: não apenas existe específico diploma legal que regulamenta, de maneira expres-

---

[58] MORAES, Alexandre de. *Direito Constitucional*. São Paulo: Atlas, 2001, 9. ed., p. 119.

[59] GRINOVER Ada Pellegrini; FERNANDES, Antônio Scarance; GOMES FILHO, Antônio Magalhães. *As Nulidades no Processo Penal*. São Paulo: Revista dos Tribunais, 2006, 9. ed. p. 150.

[60] AVOLIO, Luiz Francisco Torquato. *Provas Ilícitas: interceptações telefônicas e gravações clandestinas*. São Paulo: Revista dos Tribunais, 1995, p. 39.

[61] MELLO, Rodrigo Pereira. *Provas ilícitas e sua interpretação constitucional*. Porto Alegre: Sergio Antonio Fabris, 2000, p. 127.

[62] TOURINHO FILHO, Fernando da Costa. *Processo Penal*. São Paulo: Saraiva, 2007, v. 3, p. 230.

[63] CAPEZ, Fernando. *Curso de Processo Penal*. São Paulo: Saraiva, 2003, 10. ed., p. 245-7.

[64] RABONEZE, Ricardo. *Provas Obtidas por meios ilícitos*. Porto Alegre,: Síntese, 1998, p. 27.

sa, os requisitos objetivos que legitimam o ato (demonstração de necessidade do ato, prazo de duração da ordem, etc.), quanto existe preceito constitucional que confere ao cidadão o direito à intimidade. Desta maneira, se uma ordem judicial que confira ao órgão investigador o direito de interceptação telefônica estiver em desacordo com os mandamentos da específica legislação infraconstitucional, acabará, também, por infringir o citado mandamento constitucional protetivo. Ter-se-á, em tais casos, (1) uma prova ilícita pela afronta ao direito material da intimidade e, também, (2) ilegítima por afronta aos regramentos processuais que legitimam o ato, passo este que, por sua vez, (3) afronta ao mandamento processual constitucional do *due processo of law*.

III. DO ART. 5º, XII, DA CONSTITUIÇÃO FEDERAL – DA NECESSIDADE DE LEI REGULAMENTADORA – <u>DA NECESSIDADE DE SEGUIR-SE O REGULAMENTO, A FORMA ENQUANTO GARANTIA</u>

O artigo 5º, XII, de nossa CF, ao resguardar o sigilo das comunicações telefônicas (dentre outras), somente tornando possível a interceptação de tais dados mediante lei que regulamente a matéria, nada mais é do que uma **norma constitucional protetiva de cunho individual.** Tal classificação, por sua vez, acaba gerando uma única e singela conclusão: ato clandestino ou judicial que a desrespeite acaba por ser pertencente à categoria dos atos absolutamente nulos ou, quiçá, inexistentes.

Neste sentido, e desde antes da edição da Lei 9.296/96, já entendia nosso STF, em julgamento do *habeas corpus* n. 69.912-RS, pela ilegitimidade da prova obtida em afronta ao mandamento constitucional e, para melhor ilustrar, transcreve-se trecho do aresto:

> Prova ilícita: Escuta telefônica mediante autorização judicial: afirmação pela maioria da exigência de lei, até agora não editada, para que, "nas hipóteses e na forma" por ela estabelecidas, possa o juiz, nos termos do art. 5º, XII, da Constituição, autorizar a interceptação de comunicação telefônica para fins de investigação criminal... (HC 69.912/RS. Relator: Mis. Sepúlveda Pertence. Julgamento: 16/12/1993. DJ 25/03/1994, PP 06012)

Com a edição da Lei 9.296/96 que, em seu bojo, passou a regulamentar o dispositivo constitucional supra citado, estabeleceram-se quais os parâmetros a serem utilizados pela autoridade julgadora como forma de se interceptar comunicações telefônicas. Resta clara, pois, a analogia: (1) se antes da edição de tal Lei as interceptações telefônicas eram consideradas ilegítimas, enquanto meio de prova, por não deterem, ainda, regulamentação legal, tem-se que, (2) após a edição versada, <u>as provas somente se tornarão legítimas se obtidas em acordo com o mandamento ali expresso</u>. Dito de outra forma: <u>desrespeitar os requisitos exigidos por tal legislação continua sendo um desrespeito ao mandamento constitucional</u> e, por isso, macula com o vício da ilegitimidade todo e qualquer elemento de prova assim obtido.

IV. DOS ARTIGOS 4º E 5º DA LEI 9.296/96 – DO PRAZO INICIAL DE 15 DIAS E DE SEU CARÁTER PROTETIVO

Dando continuidade ao raciocínio acima exposto, <u>qual seja o de que uma ordem judicial que desrespeite os regulamentos da Lei acaba por se equiparar às ordens outrora emanadas sem suporte legal</u>, tem-se que, como devidamente assentado junto ao artigo 5º da Lei 9.296/96, o prazo de deferimento de uma interceptação telefônica é de 15 (quinze) dias, podendo, em acordo com o artigo 4º do mesmo mandamento, ser renovado por igual período se requerida tal extensão e demonstrada a necessidade da medida. Na interpretação de tais comandos normativos restou consagrado em jurisprudência, ainda, o entendimento que a referida renovação poderá ser requerida e concedida por indeterminadas vezes, desde que, sempre, devidamente justificada em sua necessidade.

Resta claro, então, na correta interpretação da norma infra-constitucional, que o prazo estipulado pelo já citado artigo 5º da Lei regulamentadora, quando interpretado em conjunto com a exigência do art. 4º (de que o requerimento de interceptação demonstre a necessidade da medida), <u>transforma-se em verdadeira garantia instrumental-processual de que os órgãos investigativos não estarão incorrendo em excesso nas suas atividades,</u> interceptando desnecessariamente ou demasiadamente comunicações alheias.

Frise-se: o prazo de quinze dias (art. 5º) é, por si só, um limite que traz consigo a preservação do Direito Constitucional à Intimidade, evitando que excessos possam ocorrer por parte das autoridades investigadoras. Por sua vez, a necessidade de requerimento expresso de prorrogação de tal prazo – com a exigência de que tal medida esteja devidamente justificada (art. 4º) – nada mais é do que complemento a tal garantia, eis que a norma restaria esvaziada em seu conteúdo limitador e protetivo se autorizasse a prorrogação, indefinidamente e sem justificativa tópica.

No caso deste *habeas corpus*, o deferimento das interceptações telefônicas por parte da autoridade coatora se dava **por 45 (quarenta e cinco) dias automaticamente renovados** – ou seja, um deferimento real de 90 (noventa) dias!! Tal passo fere frontalmente os citados dispositivos legais, e nenhuma outra consideração se faz necessária para a percepção de tal fato.

Frise-se: como afirmado e devidamente provado através dos documentos em anexo, o Ministério Público simplesmente requeria o prazo de 45 (quarenta e cinco) dias para a interceptação telefônica do paciente e o Juiz, além de deferir a medida pelo prazo requerido, ia além e já concedia, automaticamente, a sua prorrogação, em verdadeiro desprezo à atividade fiscalizadora que a letra de Lei lhe confere como um dever.

Surgem, daqui, duas gritantes ilegalidades, uma quanto ao excesso do prazo ante sua regulamentação expressa e, outra, quanto ao decreto, de ofício, de ordem que somente pode ser emitida sob requerimento expresso da autoridade investigativa[65].

Com a devida vênia, a autoridade coatora desrespeitou, na concessão de prazos superiores aos marcados por Lei, (1) as garantias constitucionais que regem a matéria e, não satisfeita, desrespeitou a (2) necessária separação de funções que regem o devido processo penal, eis que adotou de ofício medida que somente pode deferir quando expressamente provocado.

V. DA SEPARAÇÃO ENTRE JUIZ E PROMOTOR –
PRINCÍPIO ACUSATÓRIO – *NE PROCEDAT IUDEX EX OFFICIO*

Em relação a este segundo tópico vale, inclusive, destaque da obra de Geraldo Prado, insigne magistrado carioca que, em análise ao princípio acusatório, assim dispõe:

> Há, na fase preparatória, um número significativo de providências que inauguram relações jurídicas de natureza cautelar, predipostas à tutela da liberdade do investigado, virtual acusado, ou da aquisição das provas, tais como a autorização para busca domiciliar, apreensão de coisas...Neste caso, embora a natureza preponderante das investigações continue sendo administrativa, adere a ela a cautelaridade singular das referidas providências, sujeitas, naquilo que importa em compressão de direitos fundamentais, ao conhecimento e deliberação judicial e às regras do devido processo legal, ainda que, por conta dos objetivos visados e da eficácia da própria investigação, o contraditório tenha de ser diferido.
>
> Portanto, a coerência com os ditames do princípio acusatório, à vista da implicação de um devido processo penal cautelar, em fase anterior ao processo de conhecimento condenatório, exigirá a iniciativa dos encarregados da investigação ou do titular

---

[65] Em analogia, um juiz, ao deferir de ofício a renovação de um prazo de interceptação telefônica, se equivoca como se estivesse, por exemplo, decretando de ofício a prisão temporária. Nos dois casos o juiz estaria se antecipando a uma **condição de procedibilidade do ato jurisdicional**, qual seja a expressa provocação da parte legítima. Tal comportamento fere não apenas a letra da lei ordinária federal como, também, o próprio princípio do sistema acusatório que ilumina a interpretação de nosso sistema jurídico-penal.

do direito de ação, até que o inerte deverá permanecer o juiz, sob pena de quebra da imparcialidade.

Não se diga que o juiz penal dispõe de um poder geral de cautela, que o autoriza a, "ex officio", promover as providências cautelares que entenda pertinentes, pois tal poder, como no processo civil, não se exercita sem a provocação da parte no feito cautelar[66]...

Percebe-se, aqui, o total desprezo, por parte da autorização judiciária, à letra da lei que regulamenta a matéria, e referida desconsideração nada mais faz do que macular com os vícios da ilicitude e ilegitimidade todo e qualquer elemento probatório que surja de tais atos.

Tal ponto merece destaque: ao serem violadas as normas materiais e processuais regulamentadoras que surgem de nossa Constituição Federal e de Lei Ordinária Federal, violou-se, também, (1) o princípio acusatório, (2) o princípio da separação de funções, (3) o princípio do devido processo penal e, ainda, o (4) direito material à intimidade, também de índole constitucional. Em suma: **a prova surgida das autorizações judiciais ora atacadas é ilegítima por infração às normas da Lei 9.296/96 e ao princípio do devido processo penal, e ilícita por infração ao art. 5º, XII, CF.**

VI. DAS CONSEQÜÊNCIAS JURÍDICAS DO ORA EXPOSTO – NULIDADE OU INEXISTÊNCIA DO ATO

O desrespeito aos ditames constitucionais e ordinários na captação de uma prova é de tal gravidade que, para Scarance[67], não está-se a tratar, sequer, de um problema de nulidade mas, sim, de inadmissibilidade da prova, sendo seguido em seu raciocínio por Grinover[68] que aduz ser tal problema ainda mais grave do que os abrangidos pela classificação da nulidade absoluta, inserindo-se na categoria dos atos inexistentes.

Para a autora,

Já se afirmou que a atipicidade constitucional, com relação às normas de garantia, acarreta, em regra, como conseqüência a sanção de nulidade absoluta. O menos que se poderia dizer, portanto, é que o ingresso da prova ilícita no processo, "contra constitucionem", importa a nulidade absoluta dessas provas, que não podem ser tomadas como fundamento por nenhuma decisão judicial.

---

[66] PRADO, Geraldo. *Sistema Acusatório.* Rio de Janeiro: Lúmen Júris, 1999, p. 158/159.

[67] FERNANDES, Antônio Sacarance. *Processo Penal Constitucional.* São Paulo: Revista dos Tribunais, 2002, 3. ed., p. 90.

[68] GRINOVER, Ada Pellegrini. Op. cit., p. 160.

Mas aqui o fenômeno toma outra dimensão: as provas ilícitas, sendo consideradas pela Constituição inadmissíveis, não são por esta tidas como provas. Trata-se de não-ato, de não-prova, que as reconduz à categoria da inexistência jurídica. Elas simplesmente não existem como provas: não tem aptidão para surgirem como provas. Daí sua total ineficácia.

Seja pela categoria das nulidades absolutas, seja pela categoria dos atos inexistentes, o que resta escancarado, aqui, é absoluta ilegitimidade das ordens judiciais que, ao deferirem interceptações telefônicas por prazos de 45 dias renovados automaticamente por igual período, violaram o direito à intimidade e ao devido processo penal através de negativa de vigência aos mandamentos constitucionais e infra-constitucionais já mencionados.

Como conseqüência clara da nulidade ou inexistência jurídica das decisões que deferiram interceptações telefônicas em desrespeito aos prazos legais e ao direito material à intimidade, tem-se pela impossibilidade de que os elementos obtidos através de tais interceptações sejam utilizados em desfavor do ora paciente, eis que prova ilícita *lato sensu.*

O STF, em pronunciamento sobre o tema, durante a análise da ação penal nº 307-3, movida em desfavor do ex-presidente Fernando Collor de Melo e Paulo César Farias, reafirmou o que ora se defende, deixando expresso que

> É indubitável que a prova ilícita, entre nós, não se reveste da necessária idoneidade jurídica como meio de formação do convencimento do julgador, razão pela qual deva ser desprezada, ainda que em prejuízo da apuração da verdade, no prol do ideal maior de um processo justo, condizente com o respeito devido a direitos e garantias fundamentais da pessoa humana... é um pequeno preço que se paga por viver-se em Estado de Direito Democrático. A Justiça Penal não se realiza a qualquer preço... a cláusula constitucional do "due process of law"- que se destina a garantir a pessoa do acusado contra ações eventualmente abusivas do poder público – tem, no dogma da inadmissibilidade das provas ilícitas, uma das suas projeções concretizadoras mais expressivas, na medida em que o réu tem o impostergável direito de não ser denunciado , de não ser julgado e de não ser condenado com apoio em elementos instrutórios obtidos ou produzidos de forma incompatível com os limites impostos, pelo ordenamento jurídico, ao poder persecutório e ao poder investigatório do Estado... (Ação Penal 307-3-DF, Plenário, Rel. Min. Ilmar Galvão, DJU 13-10-1995, RTJ vol. 162, p. 03-340, 10/1997)

Percebe-se, aqui, a prevalência da garantia constitucional prevista junto ao art. 5º, LVI, de nossa CF, que veda a utilização processual de prova ilícita. Por força de tal princípio, nada mais resta senão a declaração de nulidade ou inexistência das ordens judiciais ora em comento, com a conseqüente declaração de ilicitude e ilegitimidade de todos os elementos obtidos através de tais mandamentos.

VII. DO PEDIDO

Para melhor sintetizar o Direito até aqui alegado, remete-se aos itens abaixo:

1. O art. 5, XII, de nossa CF, é norma constitucional protetiva, garantindo o direito à intimidade e, enquanto norma protetiva, autoriza a interceptação telefônica, através de ordem judicial, desde que tal ordem se encaixe nos moldes de Lei regulamentadora.

2. A referida Lei regulamentadora, qual seja Lei 9.296/96, informa expressamente quais os limites processuais a serem obedecidos pelo poder persecutório na obtenção da prova através de interceptação telefônica. Para tanto, exige que as ordens judiciais que deferirem a referida interceptação não ultrapassem 15 dias e, para renovação, exige requerimento expresso da autoridade investigativa, acompanhada da demonstração de necessidade da medida; tais normas, de cunho instrumental, trazem por fito operacionalizar o Direito material à intimidade.

3. Um elemento probatório que seja obtido em desrespeito a comandos processuais é tido como ilegítimo; se, na sua obtenção, estiver a ferir Direito Material, é tido por ilícito. No entanto, seja qual for sua classificação, é vedado seu uso no processo, sob pena de violar-se o direito à intimidade, à garantia de proibição de prova ilícita e, conseqüentemente, o devido processo penal.

4. As ordens judiciais ora atacadas, ao deferirem a interceptação judicial por prazo maior do que o dobro do permitido em Lei (eis que por 45 dias) e, ainda, ao deferirem uma prorrogação que sequer havia sido requerida, violaram norma processual que, ao limitar o poder persecutório, operacionaliza norma protetiva constitucional, violando, também, a separação necessária entre juiz e Ministério Público (princípio acusatório). Desta forma, tais atos são tidos por nulos ou inexistentes, e os elementos obtidos através das suas execuções afrontam todos os princípios já mencionados, devendo, pois, serem desentranhados do processo.

Isto posto, em sendo ilícita e ilegítima toda e qualquer prova obtida através de interceptações telefônicas deferidas e renovadas em desacordo com o dispositivo legal, requer-se sejam declaradas nulas ou inexistentes e, como conseqüência, sejam desentranhadas do feito todas as transcrições de interceptações telefônicas realizadas com fulcro em tais ordens, sob pena de afrontar-se diretamente a Constituição e as normas infra-constitucionais até o momento citadas.

Nestes termos,

Pede deferimento.

Porto Alegre, 11 de dezembro de 2006

DANIEL GERBER

OAB/RS 39879

8. Pedido de Justificação – ação preparatória para interposição de revisão criminal – necessidade de judicialização da prova nova

EXCELENTISSIMO SENHOR DOUTOR JUIZ DE DIREITO DA ... VARA CRIMINAL DA COMARCA DE PORTO ALEGRE/RS.

J. L. G., brasileiro, casado, médico, residente e domiciliado na Avenida Venâncio Aires nº 569/504, Porto Alegre/RS vem, respeitosamente, ante Vossa Excelência, através de seus defensores signatários, propor a presente **AÇÃO DE JUSTIFICAÇÃO**, em face de **E. V. U.**, pelos seguintes fatos e fundamentos:

I. FATOS

O peticionário foi condenado, no processo número 000, por infração ao art. 121, § 3º, CP, perante a 8ª Vara Criminal da comarca de Porto Alegre.

Tal condenação baseou-se no fato de que o peticionário era, consoante documento denominado "declaração de responsabilidade técnica", responsável por pacientes que estavam internados na clínica geriátrica "S. F.". Desta maneira, considerando que a vítima, Sra. G. U., lá se encontrava internada, e que veio a falecer justamente pela falta de cuidados médicos, estabeleceu-se a punição.

Em sua tese defensiva, o peticionário esclareceu que, muito embora fosse o médico responsável por tal estabelecimento, não detinha poderes para tratar de G., eis que esta já detinha médico próprio (Dr. C.).

A tese de negativa de autoria, aqui configurada, foi assim recebida pela decisão condenatória (fls. 453):

> *Vale ressaltar que embora a defesa sustente que o réu estava proibido pela família da vítima de atendê-la,* **tal versão restou isolada nos autos.**

De tal sentença o peticionário interpôs apelação que, por sua vez, julgada perante o colendo Tribunal de Justiça do Estado do Rio Grande do Sul, restou improcedente, baseando-se, a decisão colegiada, nos mesmos fundamentos da sentença de primeira instância.

O acórdão condenatório foi devidamente contestado pela Defesa através de Recurso Extraordinário que, por sua vez, não foi recebido.

Não obstante o caminho acima delineado, o peticionário conseguiu, através de seus próprios meios, obter prova nova que vem ao encontro do que alegou em todo o decurso processual, qual seja uma carta escrita pelo irmão da referida vitima, Sra. G., onde se comprova que o Peticionário não detinha responsabilidade clínica perante aquela!

Percebe-se, aqui, que a prova necessária para sua absolvição encontra-se, finalmente, descoberta. Desta maneira, e considerando a real probabilidade de o peticionário precisar, em breve, interpor uma revisão criminal contra decisão condenatória, a judicialização de tal prova, sob a égide do contraditório, faz-se necessária.

II. DO DIREITO

Pelo exposto, verifica-se que o objeto da presente ação possui relevante importância, pois se trata de testemunho destinado a produção de prova judicial, a qual instruirá Revisão Criminal, cujo rito não admite a produção de provas.

Justamente pelo seu objeto e finalidade, a oitiva de tal testemunha deverá ser acompanhada pelo representante do Ministério Público, afim de que tal prova seja produzida sob o crivo do contraditório, mormente por tratar-se de prova que embasará Revisão Criminal cujo mérito será a absolvição acusado.

No mesmo sentido, a doutrina e a jurisprudência são pacíficas no entendimento do cabimento da presente ação para o fim que se postula:

> Declarações prestadas em Cartório, sem a necessária participação do Juízo e vigilância do Ministério Público, não são suficientes à procedência de pedido de Revisão Criminal. Realização do pedido de Justificação Criminal que se impõe. (HC 1056, STJ, Min. Edson Vidigal, 28.03.2000).

Considerando-se que o acusado foi intimado para o início do cumprimento de sua pena para o dia 31.05.06, requer-se seja liminarmente concedida a oitiva da testemunha indicada, aprazando-se o ato para a pauta mais breve deste juízo, visto que o *periculum in mora* encontra-se caracterizado ante o inicio do cumprimento da pena. Da mesma forma, o *fummus boni iuris*, encontra-se igualmente presente ante o direito de ampla defesa e produção de novas provas para interposição de futura revisão criminal.

Ante o exposto, requer:

a) O recebimento da presente e concessão liminar da presente justificação, sendo aprazado para a data mais breve possível a oitiva do Sr. E. U.,

b) A citação e intimação da parte para comparecimento em juízo e prestação de depoimento.

c) A intimação do representante do Ministério Público para comparecimento ao ato.

d) No mérito, seja julgada procedente a presente ação, com a produção judicial da prova postulada.

e) Requer seja lhe deferido o benefício da assistência judiciária gratuita, eis que não dispõe de recurso para arcar com as custas da ação sem prejuízo de seu próprio sustento.

Nestes termos,

Pede deferimento.

Porto Alegre, 18 de maio de 2006.

Valor da causa: R$

DANIEL GERBER
OAB/RS 39879

JOSÉ HENRIQUE SALIM SCHMIDT
OAB/RS 43698

LUIZ FELIPE MARTINS BASTOS
OAB/RS 60574

9. Representação criminal – delito contra a honra de juiz de Direito, no exercício da função – o mau uso do Direito como instrumento do delito – a vontade de causar dano *x* direito de criticar e recorrer

EXMA. AUTORIDADE JUDICIÁRIA

JUIZADO ESPECIAL FEDERAL CRIMINAL

PORTO ALEGRE/RS.

REPRESENTAÇÃO CRIMINAL

J. E. D., brasileiro, Juiz titular da Xª Vara do Trabalho de XXXX/XX, vem, respeitosamente, ante a presença de Vossa Excelência, através de seus procuradores signatários, oferecer

REPRESENTAÇÃO

Em desfavor de **M. G. L.,** brasileira, divorciada, Advogada inscrita na OAB/XX sob o n. º 000000, com escritório profissional na Rua J. H. L., nº 00, bairro S. A., XXXX/XX, e, na cidade de XXXX/XX, na Rua B. F., nº 000, Bairro C., com fundamento no art. 39 do Código de Processo Penal, pelos seguintes fatos e fundamentos:

O Representante, na sua função de Juiz do Trabalho, titular da Xª Vara do Trabalho de XXXXX/XX, teve proposta contra si, nos autos do processo número 00000, uma Correição Parcial, conforme documento em anexo, onde lhe foram imputados falsamente (1) fato que constitui crime e (2) fatos ofensivos à sua reputação por parte da ora Representada.

Neste sentido, e para melhor exemplificação do alegado, necessário se faz o breve histórico do ocorrido.

I. Dos Fatos

I. 1. Da Petição Inicial e a Beligerância da Representada

Nos autos do processo que criou oportunidade para que a Representada fantasiasse os fatos imputados e propusesse a dita Correição Parcial (da qual o Representado já, tranqüilamente, se defende), percebia-se, desde cedo, a incutida beligerância daquela primeira. Corroborando o afirmado destaca-se trecho de petição onde utilizou expressões que, além de ofenderem ao Juiz, atacaram também o Poder Judiciário e a Comunidade de XXXXX:

> É reprovável que em pleno século XXI, tenhamos ainda que produzirmos prova da incompetência da tutela prestação jurisdicional estatal ineficaz e protelatória. Os brasileiros são pacíficos demais por esse motivo é que quem deveria cumprir a lei e fazer com ela fosse aplicada não se preocupa com as conseqüências.
>
> O desenvolvimento cultural nos parece ao examinarmos os autos não alcançou esse cantinho do XXXXX, denominado XXXX, pois nesta comarca SEDEX é estranho...

Em audiência, realizada no dia 14/06/2006, o Representante, ao dar-lhe início, indagou à Representada sobre o alcance das expressões lançadas na manifestação, para que pudesse – o Juízo – tomar as providências cabíveis.

A procuradora, ora Representada, não obstante manifestar-se no sentido de que não havia qualquer agressividade em seu petitório, buscou constranger o Juízo com palavreado pouco convencional e com atitudes ainda mais insolentes e agressivas.

Finda a audiência, surge a Correição onde a Representada acaba por cometer delitos contra a honra do Representante.

I. 2. A Correição e os artigos 138 e 139, CP

Para ilustrar, imediatamente, a prática dos delitos de calúnia e difamação por parte da Representada, destaca-se trechos da Correição:

> O Juiz determinou, em tom de ironia demonstrando notoriamente abuso de poder, que a procuradora interpretasse para ele...
>
> (...)
>
> As ofensas proferidas pelo representado foram tão angustiantes e deprimentes que a representante precisou medicar-se por conta própria. O representado cometeu

abuso de autoridade, foi categórico no sentido de ofender a representante chamando-a, em outras palavras, de vagabunda, incompetente, e irresponsável, e a todo momento deixava claro que não desejava a presença da representante na sala de audiência.

Tais excertos demonstram claramente a forma como se atingiu a honra objetiva do Representante: primeiramente, com a falsa imputação de um fato que é definido como crime – o abuso de poder – que, obviamente, não existiu; e segundo, com a atribuição de fatos ofensivos à reputação do magistrado no exercício de sua profissão, tendo palavras, as quais jamais proferiu, sido colocadas em sua boca.

Indo além, por diversas vezes a Representada atacou a honra do Representante, narrando situações em que, nas suas palavras, ele agira como um "ditador".

Nessa mesma oportunidade (interposição da correição parcial) afirmou ainda que *"o Juiz não estando com vontade de examinar os autos e verificar que a reclamatória havia sido encaminhada através do protocolo postal, resolveu desrespeitar a reclamante e sua procuradora e arquivar o feito...".*

Segue a Representada com suas agressões infundadas, afirmando que *"o representado dispensou um tratamento vexatório, desrespeitoso a representante. Ao passar em concurso publico, recebem os juizes noções de ética ? Pois, não parecem que sejam orientados nesse sentido...".*

E, como não fosse o suficiente, vai além: *"...os clientes ficam apavorados quando encontram tanta grosseria e estupidez vindas do juiz e geralmente comentam que nem parece que estudaram. Os tempos mudaram e hoje uma pessoa com aparência de simples não se curva mais para os abusos cometidos por pessoas investidas de poder, pois tais pessoas demonstram claramente que não merecem exercer profissão de tanta relevância publica e responsabilidade.".*

Tais palavras não só ofendem a dignidade e o decoro do Representante como também sua honra objetiva, prejudicando principalmente, sua imagem profissional perante os demais colegas.

Destarte a plena defesa do aqui Representante já estar correndo em sede de Reclamação Correicional, tendo todas as afirmativas desonrosas e caluniosas sido veemente impugnadas, busca-se, através da presente, a punição da vexatória atitude da Representada que parece querer criar situação tumultuária, motivada, quiçá, por não ter vislumbrado sucesso em suas atitudes com a cliente.

Diante dos fatos supra narrados, requer-se o recebimento e processamento da presente Representação, remetendo-a à autoridade policial para a instauração do inquérito ou, em o Ministério Público já a considerando perfeitamente instruída, que dispense o inquérito e promova, desde já, a ação penal para que seja a Representada condenada nas sanções dos artigos 138 e 139 do Código Penal.

Nesses termos,
Pede deferimento.

Porto Alegre, 7 de agosto de 2006.

DANIEL GERBER
OAB/RS 39879

J. E. D.

10. Alegações Finais, art. 500, CPP – delito ambiental – subsunção normativa – conflito de lei penal no tempo – Lei 8.176/91 x Lei 9.605/98 – erro sobre elementos do tipo – princípio da lesividade e legalidade substancial – delitos de perigo concreto

EXMA. AUTORIDADE JUDICIÁRIA

VARA FEDERAL AMBIENTAL, AGRÁRIA E RESIDUAL

PORTO ALEGRE/RS

Processo................. 00000000000

Objeto.................... Artigo 500, CPP – Alegações Finais

J. L. R. P. e **A. C. L.,** devidamente qualificados nos autos do processo supra-epigrafado, vêm, respeitosamente, ante Vossa Excelência, através de seus defensores signatários, em sede de ALEGAÇÕES FINAIS, expor e requerer o que segue:

I. Da imputação típica – subsunção normativa – conflito aparente de normas – retroatividade de lei benigna

Em 27 de janeiro de 2006, os acusados foram denunciados por infração ao art. 55, da Lei nº 9.605/98 c/c art.15, II, alíneas "a" e "e", em concurso formal (art. 70, parte final, CP) com o delito previsto no art. 2º da Lei nº 8.176/91, sendo que, para J. L., imputou-se ainda a prática do delito previsto junto ao art. 333 do Código Penal.

Antes de entrar-se no mérito em si cabe, desde já, alegar a derrogação do artigo 2 da Lei 8.176/91 por parte do artigo 55 da Lei 9.605/98. Neste sentido, Roberto Delmanto – e outros[69] – assevera:

---

[69] DELMANTO, Roberto, *et al. Leis Penais Especiais Comentadas*, RENOVAR, 2006, p. 510.

Também foi derrogado o art. 2 da Lei n. 8.176/91, na parte em que punia a exploração de matéria-prima pertencente à União, sem autorização legal ou em desacordo com as obrigações impostas pelo título autorizativo; a pena também era mais grave, ou seja, detenção de um a cinco anos, e multa, devendo este art. 55 igualmente retroagir.

Com razão o autor, na medida em que os dispositivos em comento versam sobre o mesmo objeto e estendem tutela a idêntico bem jurídico. Desta feita, negar-se retroatividade do artigo 55 da Lei 9.605/98 sobre a pretérita legislação, assim como negar a subsunção desta naquele é, nada menos, do que negar-se vigência ao princípio constitucional do *ne pas bis in idem*.

Apenas para finalizar o ponto:

Extração de areia. Derrogação do art. 2 da Lei 8.176/91. Juizados Especiais Criminais. Possibilidade de aplicação: Processo penal. *Habeas Corpus*. Crime contra o meio ambiente. Extração de areia. Prevalência do art. 55 da Lei n. 9.605/98 sobre o art. 2 da Lei 8.176/91. Sanção penal. Possibilidade de aplicação do procedimento relativo às infrações de menor potencial ofensivo (arts. 72, 74, 76 e 77 até 83 da Lei n. 9.099/95). Ordem concedida. 1. A extração de areia sem necessária autorização se constitui crime contra o meio ambiente, tipificado no art. 55 da Lei n. 9.605/98, cuja sanção cominada permite a aplicação do procedimento relativo às infrações de menor potencial ofensivo, previsto na Lei n. 9.099/95. 2. Tanto em relação ao objeto do delito quanto em relação ao bem jurídico protegido, a Lei 9.605/98 dispõe de forma específica, tratando-se, assim, de lei especial, que, como tal, derroga a geral, no caso o disposto no art. 2. da Lei 8.176/91. 3. Ordem concedida. (TRF 3R., 5 T., HC 2001.03.00.006939-7-SP, rel. Desa. Fed. Ramza Tartuce, j. 28.8.2001, RT 797/714)

E, em se tratando de Lei 9.099/95, tem-se que a edição da Lei 11.313/06 alterou os artigos 60 e 61 de tal diploma, que passam a vigorar com a seguinte redação:

Art. 60. O Juizado Especial Criminal, provido por juízes togados ou togados e leigos, tem competência para a conciliação, o julgamento e a execução das infrações penais de menor potencial ofensivo, respeitadas as regras de conexão e continência.

Parágrafo único. Na reunião de processos, perante o juízo comum ou o tribunal do júri, decorrentes da aplicação das regras de conexão e continência, observar-se-ão os institutos da transação penal e da composição dos danos civis.

Art. 61. Consideram-se infrações penais de menor potencial ofensivo, para os efeitos desta Lei, as contravenções penais e os crimes a que a lei comine pena máxima não superior a 2 (dois) anos, cumulada ou não com multa.

Percebe-se, pois, que em relação ao delito do art. 55 da Lei 9.605/98, merece o Réu, antes de ser sentenciado, obter – se assim o desejar e satisfizer as hipóteses dos artigos 74 e 76 da Lei 9.099/95 – os benefícios da retroatividade desta novel legislação, sendo-lhe oferecido tanto a composição dos danos como a transação penal, sob pena de negar-se vigência aos artigos 2 do Código Penal, 60, 61, 74 e 76 da Lei 9.099/95 e, ainda, malversar-se sobre os princípios do devido processo penal e ampla defesa.

Realizadas estas considerações de cunho eminentemente legal, passa-se aos fatos:

II. Da imputação fática

Nos dizeres da denúncia, os acusados J. L. e A., proprietário e marinheiro – respectivamente – da draga de sucção "XXXXXX", inscrição n° 0000, exploraram matéria-prima pertencente à União sem autorização legal do Departamento Nacional de Produção Mineral – DNPM, no leito do Lago Guaíba. Também executaram – consoante denúncia – extração de recursos minerais sem licença ambiental da fundação Estadual de Proteção Ambiental – FEPAM. Por fim, que a draga de sucção "XXXXX" realizou, portanto, efetiva extração de areia sem possuir a necessária autorização do DNPM e com a Licença de Operação (LO) vencida.

Indo além, o MP acusa J. L. (pessoa física) de ter oferecido ao Sargento da Brigada Militar, M. C. S., vantagem indevida para que este deixasse de apreender a embarcação XXXXXX e a areia extraída por ela quando dos fatos narrados.

Feito o interrogatório dos réus, J. L. e A. alegaram desconhecimento quanto à invalidade das licenças para que a draga operasse, atestando que não houve nem a intenção, nem a consciência do ilícito, bem como negou – J.L. – o oferecimento de dinheiro a qualquer policial; escutaram-se as testemunhas de acusação (M. C. S., A. N. e R. M.) e as de defesa (P. G. S. e N. R.), nesta ordem.

É de se destacar, desde o início, que sobre esta última acusação (corrupção ativa), a única prova que se ergue em desfavor de J. L. é a testemunhal, fulcrada, apenas, no depoimento do senhor Sargento da Brigada Militar, M. C. S., visto **que mesmo as outras duas testemunhas de acusação**, os soldados A. e R., não só **nada confirmam em seus testemunhos, como também apresentam pontos de extrema contradição.**

O Réu, por sua vez, em sede de interrogatório e pela oitiva de suas testemunhas, corrobora afirmação contrária à denúncia, trazendo aos autos prova de que em momento algum esteve a sós com qualquer policial da patrulha ambiental e sequer insinuou uma situação para o oferecimento de dinheiro.

Percebe-se, deste breve relato, que a prova dos autos é, no mínimo, controvertida. Dito isso, passa-se, em ordem, à análise dos fatos.

II. Do Delito Ambiental

II.a. Da ausência de dolo – erro sobre elementos do tipo penal, artigo 20, *caput* e parágrafo primeiro, CP

II.b. Da ausência de perigo de dano – distinção entre infração penal e infração administrativa; legalidade substancial, artigo 1º , CP, e delitos de perigo concreto

II.a. Ausência do dolo

Não obstante a presença concreta de materialidade – eis que a dragagem relatada em denúncia estava, efetivamente, a ocorrer – o primeiro ponto a se ressaltar refere-se à **ausência de dolo dos acusados** em operar com a licença suspensa, eis que estes não imaginavam que, **por motivo de uma Ação Civil Pública**, aquela não estava válida desde data anterior ao ato. Frise-se que o denunciado não tinha consciência de que a sua **regular e permanente atividade laboral, sempre praticada dentro das normas e perfeitamente legal,** transformara-se, de um dia para outro, em uma prática ilícita. Esse desconhecimento do agente sobre a repentina invalidez de suas autorizações, até então válidas, configura a excludente de dolo elencada no art.20, CP: erro de tipo.

Tal artigo recai sobre os elementos que constituem o tipo penal, e traz por conseqüência a exclusão do dolo no agir do agente. No caso em tela, **J. L. e A. estavam a supor uma situação de fato – legitimidade e validez de suas licenças ambientais – que, se existisse, tornaria a ação legítima.**

Nesta senda, o artigo 55 da Lei 9.605/98 afirma existir delito quando ocorre a extração de recursos minerais sem a competente autorização, permissão, concessão ou licença da autoridade competente. Percebe-se, pois, que a **permissão, na forma de licença,** de lavra/pesquisa/extração de minérios, por parte das autoridades públicas, **é elemento do tipo** e, desta maneira, um erro quanto à existência de tal situação é um erro sobre a própria essência do tipo penal.

Como nos ensina a doutrina, essa modalidade de erro obviamente vicia o elemento intelectual do dolo, qual seja a vontade de praticar uma ação que, por sua vez, está descrita no tipo, eis que há uma falsa percepção, a ignorância, ou a falsa representação de qualquer dos elementos constitutivos do tipo penal.

No presente caso, a incidência do artigo 20 sobre o comportamento de J. L. e A. torna-se irrefutável, eis que eles só praticaram a ação por imaginarem que a licença ambiental, devidamente obtida tempos atrás, ainda permanecia válida ou, dito de forma inversa, os Réus não praticariam a conduta se soubessem que a referida licença estava cassada por força de decisão judicial.

Provas de que os acusados em questão não tinham conhecimento da decisão da Ação Pública e, conseqüentemente, agiram por força de erro sobre elemento constitutivo do tipo penal, são várias[70]. Neste sentido, nem seu empregado operador da máquina (A. C. L.) e, mister se faz destacar, menos ainda o presidente – na época – da Associação Amar Guaíba (Associação dos Mineradores do Lago Guaíba), P. G. S., que é também pessoa extremamente envolvida com as licenças e autorizações ambientais de dragagem no Guaíba, conheciam a restrição. Por fim, e não fosse suficiente sequer o presidente da Associação conhecer da proibição, a Dra. N. R., **advogada atuante na área ambiental e que presta assessoria para Amar Guaíba, conhecedora das leis e do direito**, também declara em seu testemunho (fls. 302, linha 87)

QUE NÃO TINHA CONHECIMENTO NA DATA DOS FATOS DA EXISTÊNCIA DA LIMINAR QUE IMPEDIA A MINERAÇÃO OU CANCELAVA OS REGISTROS.

Em narrativa da fl. 295, linhas 113 à 118, o referido presidente da associação, Sr. P. G., esclarece que também (1) só veio a tomar ciência da liminar que suspendia as licenças naquele dia dos fatos, na draga,(2) que a Licença de Operação da draga XXXXXXXX estava aparentemente em vigor, e (3) que, por medida de cautela, **a partir desse incidente ocorrido**, passou a informar aos demais associados sobre a decisão dada à Ação Pública, para evitar que os fatos se repetissem.

Isso posto, restando escancarado o fato de que J. L. e A. somente praticaram a ação que lhes é imputada por acreditarem que detinham licença para tanto, requerendo-se, portanto, a absolvição dos acusados por ATIPICIDADE DO FATO, consoante art. 386, III, CP.

No entanto, esta não é a única tese que demonstra, indubitavelmente, a inocência dos acusados. Neste sentido, os itens abaixo.

---

[70] Vale destacar que a afirmação realizada pelo MPF, em fls. 408, de que *evidentemente o réu tinha plena ciência da proibição...*entra em absoluta contradição com o quadro probatório. Nessa senda, o MPF ancora sua lógica no fato de J. L., por exemplo, ser associado à AMARGUAÍBA, esquecendo-se, no entanto, que sequer o presidente e a advogada de tal associação conheciam a proibição. Percebe-se, aqui, não apenas a fragilidade do argumento acusatório mas, indo além, a quase temeridade na qual este incorre.

II.b. Ausência do dano – princípio da proporcionalidade – lesividade e intervenção mínima – legalidade material

A mencionada Ação Civil Pública, n°0000000000, que tramitou na 0ª Vara Cível da Justiça Federal de 0000000, tem por objeto a revogação das licenças municipais emitidas pelo Departamento Nacional de Produção Mineral (DNPM) sobre áreas fora da sua jurisdição. Em síntese, questão de competência, e não de dano ao meio ambiente.

Conforme petição inicial da referida Ação Popular, juntada às fls. 23 à 32 dos autos, o equívoco **administrativo** em que incorre o DNPM está na expedição de licenciamento para extração de minerais em áreas fora ou além do território dos Municípios, mais precisamente em lagos e outros cursos d´água que pertencem a mais de um Município ou Estado.

A fl. 28 traz: "Se ao município é vedado o licenciamento sobre área de outro município, com muita maior razão e suporte jurídico **não pode a autoridade local expedir qualquer tipo de licença ou licenciamento em áreas de jurisdição privativa da União e dos Estados**".

Tal esteira de pensamento foi a razão pela qual a sentença, também em anexo – fls. 261 a 264, contra o DNPM, decidiu:

> (...) defiro parcialmente a liminar para declarar a ilegalidade dos registros deferidos pelo 1° Distrito do NPM com base em licenças municipais para extração de areia no leito do Lago Guaíba e determinar que torne sem efeito todas as autorizações de registro com fundamento em tais licenças vigentes até esta data, bem como a revisão de todas demais efetuadas para a extração de areia e outras substâncias minerais em leitos de rios, lagos e lagoas concedidas no Estado do Rio Grande do Sul (...).

Muito embora o MPF tenha se utilizado do argumento de que houve infração à legislação ambiental através da conduta praticada por J. L. e A., **causando danos ao meio ambiente**, é nítido e transparente que a única infração que poderia ter sido cometida é aquela em sede administrativa, pois, repita-se, **a proibição da dragagem se deu por questões burocráticas** de discussão de competência entre Estado e Município para a regularização das licenças expedidas pela autarquia DNPM, **e não por questões de lesão ao bem jurídico tutelado pela norma**.

Em assim sendo, não se pode admitir que um ilícito administrativo seja transformado em um ilícito penal, sob pena de malversar-se sobre os princípios da proporcionalidade, lesividade e intervenção mínima do direito penal. O interesse da Ação Pública proposta pela ONG OOOOOO era tornar sem efeito os registros de Licenciamentos Municipais expedidos pelo DNPM sobre áreas que banham mais de um município. Não demonstrando, conseqüentemente, nenhum dano natural, a não ser a reorganização das competências administrativas.

Corroborando a distinção entre o ilícito administrativo ora alegado e o ilícito penal tutelado pela Lei 9.605/96, mister a distinção entre os (1) delitos materiais e de (2) mera atividade, assim como, em relação a estes últimos, observar a distinção entre (2.1) delitos de mera atividade de perigo concreto e (2.2.) delitos de mera atividade de perigo abstrato.

Os delitos materiais, como ressaltado em doutrina e jurisprudência, exigem a produção de um resultado naturalístico, ao contrário dos delitos de mera atividade onde, consoante a própria denominação utilizada, basta a ação por parte do sujeito para que o juízo de tipicidade esteja concretizado.

O delito ambiental imputado ao ora peticionário enquadra-se no conceito de mera atividade, eis que, pela simples dicção do art. 55 da Lei 9.605/96, basta, para configuração delituosa, a extração de minério sem a devida autorização da autoridade competente, ainda que dano algum tenha surgido de tal prática.

Não obstante a letra da lei não exigir o dano ao meio ambiente como fonte de sua incidência real, tem-se que mesmo os delitos de mera atividade se dividem em tipos de perigo concreto e tipos de perigo abstrato. Os primeiros exigem, para sua correta configuração, que a atividade do agente esteja a gerar perigo real ao bem jurídico tutelado; os segundos, por sua vez, partem do pressuposto de que o perigo é presumido e, assim, o mero agir já reflete a incidência típica sobre o comportamento do agente. Ambas as situações, trabalham, não obstante o perigo ser real ou presumido, com o conceito de legalidade material/substancial que se extrai de nosso artigo 1º , CP.

No caso em tela, e não obstante estar-se a versar sobre delito de perigo concreto, **tem-se que não existiu**, através da atividade de J. L. e A., **perigo concreto ou presumido ao meio ambiente** e, desta maneira, mesmo o delito de mera atividade restaria, pelo princípio da legalidade material, esvaziado. Neste sentido, Roberto Delmanto (e outros), em obra já mencionada, assevera:

> Consumação: Consuma-se com a efetiva pesquisa, lavra ou extração, independentemente de resultado danoso. Todavia, pensamos que, em face do princípio da lesividade, é preciso que a conduta viole ou coloque em risco o bem jurídico tutelado.[71]

Concluindo tal ponto: **na medida em que a dragagem de areia, no local onde estava a draga XXXXX, não gera dano ao meio ambiente** (eis que a única

---

[71] DELMANTO, Roberto. *Leis Penais Especiais Comentadas*, RENOVAR, 2006, p. 512.

discussão da ação civil pública é sobre uma disputa entre Estado e Município como legítimos para autorizar o ato, e não sobre a possibilidade de, equacionada tal questão, voltar-se a minerar), **não há que se falar em delito ambiental**, devendo ser, os acusados J. L. e A. absolvidos com base no art. 386, I, CP, sob pena de estar-se negando vigência aos artigos 55 da Lei .605/96 e 1º de nosso CP, assim como aos princípios da proporcionalidade, lesividade e intervenção mínima do direito penal.

II. Da Corrupção Ativa

Consoante narrativa acusatorial, *"após a apreensão da draga, quando esta encontrava-se ancorada no Cais do Porto nesta Capital, o denunciado J. L. R. P. ofereceu ao Sargento da Brigada Militar M. C. S. vantagem indevida, na importância de R$ 1.000,00 (...) o denunciado indagou ao referido policial se a quantia de mil reais liberaria a embarcação e se não haveria um jeito de liberar a draga e esquecer o assunto. O PM R. O. M., que estava próximo à porta, a qual encontrava-se aberta, escutou a primeira tentativa de corrupção dirigida pelo denunciado J. L. ao sargento M."*. Assim, denunciou-se o acusado pelo incurso nas sanções do art.333, CP.

No caso em tela, os elementos que deram ensejo à denúncia, quanto a este ilícito, são puramente testemunhais, ou, melhor dizendo, testemunhal, **pois apenas uma testemunha de acusação o sustenta**, enquanto as outras duas – acusatoriais – a contradizem[72], e duas testemunhas de defesa a refutam por completo, como a seguir observar-se-á.

1. Vale repetir, a título de ressalva inicial, que o denunciado declara-se inocente desta acusação, por não ter incorrido nos núcleos verbais penais de "oferecer" ou, sequer, "prometer" qualquer vantagem indevida ao policial M., nem como a qualquer dos outros.

2. Quando de seu depoimento, ainda em sede Policial, o sargento M. C. S. assim afirma:

(...) no momento em que o depoente se encontrava no interior da draga, ACOMPA-NHADO DA ADVOGADA E DE J. L., este afirmou "qualquer mil reais eu libero essa

---

[72] Aqui, e por mais uma vez, age o MPF com absoluta temeridade ao afirmar em fls. 412 que *as testemunhas de acusação textualmente declararam em juízo que efetivamente houve o oferecimento de vantagem indevida*. Pelo contrário, tais testemunhas afirmaram **que nada viram**, e que **só ouviram falar de tal ato quando já iam embora do local**. Com a devida vênia, Excelência, tais alegações, por parte do MPF, são não apenas contraditórias em relação à prova colhida como, indo além e na esteira do já afirmado, beiram a temeridade.

draga, não é?"; (...) que os dois soldados que o acompanhavam estavam distantes, não tendo ouvido a conversa.[73]

No entanto, em audiência (fls.207, linha 82 e ss), este mesmo depoente afirma que o acusado insistiu para falar-lhe separadamente, momento em que ambos se dirigiram até a cabine da draga, FICANDO SOZINHOS, (1) E QUE O SARGENTO PEDIRA AO SOLDADO M. PARA FICAR AGUARDANDO NA PORTA, (2) E QUE O SOLDADO M. OS SEGUIU, DEIXANDO OS DOIS SOZINHOS DENTRO DA CABINE, momento em que diz ter o acusado perguntado se mil reais não resolveria o problema.

Ora, em seu primeiro depoimento, referida testemunha alega que o acusado ficou na companhia de sua advogada (companhia esta permanente, como a mesma ratifica em seu testemunho de fls. 302, linha 72), enquanto que, em audiência, atesta que o acusado insistiu para que ficassem a sós no momento da suposta propositura da propina.

Embora em seu testemunho, quando inquirido pela defesa do réu, tenha – o depoente – tentado retificar o alegado, falando que naquele momento a advogada não estava presente (fls.209, linha 154), diversas são as contradições, principalmente quanto a ter o soldado M. ouvido a "oferta".

Ora Excelência, se um policial está a imputar a alguém a prática de um delito punido com reclusão, se espera, no mínimo, que lembre de maneira adequada o ocorrido, eis que está-se a falar de um profissional da área da segurança pública.

Frise-se: uma acusação extremamente grave, se oriunda de "qualquer um do povo", poderá, quem sabe, ser esquecida por parte do próprio denunciante e, em assim ocorrendo, gerar distintas versões quando do seu testemunho. No entanto, ao se falar de um policial que sofre uma tentativa de corrupção, duas questões surgem de forma imediata:

a. Deveria ter ocorrido prisão em flagrante, em acordo com artigos 301 e 302, inc. I, ambos de nosso CPP; o fato de dito policial não ter cumprido a Lei de maneira adequada ao exercício de sua função já se torna, no mínimo, problemático para a valoração de seus argumentos futuros.

b. Mesmo sem prisão em flagrante, seja por qual motivo for, que dito policial, na qualidade de profissional da área, guarde consigo, adequadamente, a maneira pela qual se desenrolou a ação criminosa, não sendo aceitável que impute a alguém a prática do crime sem conseguir, sequer, guardar coerência em seus depoimentos.

---

[73] Vejamos bem: se o próprio policial que alegou a tentativa de corrupção afirma que seus dois colegas não estavam presentes, como poderiam estes confirmar, em juízo, tal ato? Confirma-se, aqui, a temerosa atitude do MPF em suas alegações finais, afirmando à Vossa Excelência a existência de algo que **não está nos autos.**

3. R. O. M., TESTEMUNHA DA ACUSAÇÃO, quando interrogado, diz que o Sargento OOOOO **não ficou por mais que um único e breve tempo sozinho**:

Que a testemunha foi pegar um documento que havia faltado. Que nessa ocasião se ausentou da cabine. Que saiu, pegou o documento e retornou para a confecção da documentação. Que foi só nessa ocasião que o Sargento M. ficou sozinho. (...) **Que não recorda do Sargento M. ter saído para conversar separadamente com alguém da embarcação. Que não recorda do Sargento M. ter pedido para a testemunha se retirar ou ficar na porta aguardando.** (fl. 213, linha 300 e ss.).

4. A terceira TESTEMUNHA DA ACUSAÇÃO, policial A. N. M., em nada acrescenta por ter declarado que permaneceu a maior parte do tempo na lancha da polícia enquanto a documentação era feita na draga e que na volta à lancha, relembra, _vagamente,_ do Sargento M. ter comentado alguma coisa sobre oferecimento. Mas nesses termos, nada em concreto.

5. Como se já não fosse suficiente a falta de coerência entre os testemunhos dos policiais para inocentar J. L. a respeito desta infundada acusação, duas testemunhas de defesa atestam que **em todo o momento estiveram acompanhando o acusado e que não houve oferecimento de dinheiro**, nos seguintes termos:

P. G. S.:

QUE NENHUM DELES SAIU DALI, QUE TODOS FICARAM ALI. (fl.295, linha 85, ss)

Que durante todo o tempo a testemunha e a advogada sempre permaneceram dentro da draga. (linha 91)

Que não presenciou em nenhum momento L. oferecer alguma coisa para os policiais. Que também não presenciou nenhum pedido de L. para liberar a draga. Que não presenciou o L. oferecer R$ 1.000,00 para os policiais liberarem a draga. Que os policiais ficavam na mesa com o réu e com a advogada, examinando a documentação. Que não observou se L. conversou separadamente com os policiais em algum momento. (linha 91 e ss.)

G. N.

N. R.:

Que não presenciou J. L. conversando separadamento com algum dos policiais nem solicitando para fazê-lo. Que não presenciou J. L. oferecer ou prometer alguma vantagem para os policiais. (fl. 302, linha 62 e ss.).

Resta, portanto, que o valor probatório do testemunho prestado por M., fica, irremediavelmente, abalado.

Isso posto, e sem maiores delongas, requer-se a absolvição dos Réus com fulcro no artigo 386, I, CPP, eis que restou provada, por parte da Defesa, a inexistência dos fatos ou, como pedido subsidiário, por quaisquer outros motivos já elencados nesta peça. Indo além, e como conseqüência do que infelizmente se demonstrou em relação aos depoimentos do sargento M., que se faça a remessa do presente feito ao Ministério Público Federal, consoante o art. 40, CPP, eis que presentes sérios indícios de cometimento, por parte de testemunha acusatória, do delito de falso testemunho.

Nesses termos,

Pede deferimento.

Porto Alegre, 6 de fevereiro de 2007

DANIEL GERBER

OAB/RS 39879

11. Pedido de Declaração, art. 382, CPP – delito contra o meio ambiente – retroatividade à aplicação da Lei 11.313/06 sobre delitos de menor potencial ofensivo, conexo a delitos mais graves – o princípio da lesividade enquanto legitimador da norma penal.

EXMA. AUTORIDADE JUDICIÁRIA
VARA FEDERAL AMBIENTAL, AGRÁRIA E RESIDUAL
PORTO ALEGRE/RS

Processo............... 000000000000
Objeto.................. Artigo 382, CPP

J. L. R. P. e **A. C. L.**, devidamente qualificados nos autos do processo supra-epigrafado, vêm, respeitosamente, ante Vossa Excelência, através de seus defensores signatários, em sede de PEDIDO DE DECLARAÇÃO, expor e requerer o que segue:

I, DA CONTRADIÇÃO

I.1. Considerando que este Juízo, em decisão condenatória, afirmou que os réus não teriam direito, ante a acusação do delito previsto junto ao art. 55 da Lei 9605/98, aos benefícios dos artigos 74 e 76, ambos da Lei 9099/95, <u>por não se tratar, o presente caso, de ação penal de competência de juizado especial criminal</u>, assim como pelo fato de ambos restarem condenados em delito outro, de médio potencial ofensivo (art. 2º da Lei 8176/91).

I.2. Considerando que o parágrafo único do artigo 60 da Lei 9099/95, alterado pela Lei 11.313/06, dispõe, expressamente, que *na reunião de processos,*

PEÇAS DEFENSIVAS NO DIREITO PENAL

perante o juízo comum *ou o tribunal do júri, decorrentes da aplicação das regras da conexão e continência,* **observar-se-ão os institutos da transação penal e da composição dos danos civis;**

I.3. Considerando que tal lei é, definitivamente, *lex mitior*, devendo ser aplicada, por conseqüência, em acordo com o artigo 2º de nosso Código Penal;

I.4. Considerando ser **a hipótese legal exatamente idêntica ao caso em concreto**, eis que se fala de um delito de menor potencial ofensivo sendo julgado em Vara Criminal Comum por força exclusiva de conexão e continência.

I.5. Explicite, Vossa Excelência, o motivo pelo qual não concedeu aos peticionários, para, exclusivamente, a imputação típica do art. 55 da Lei 9605/98, o benefício da retroatividade de lei benigna posterior, na forma do art. 2º, CP, combinado com o parágrafo único do art. 60 da Lei 9.099/95, sanando, assim, **a clara contradição que ora se aponta entre o texto legal e a douta sentença condenatória**, sob pena de negar-se vigência ao art. 2º, CP, ao art. 60 da Lei 9.099/95, em seu parágrafo único, assim como ao princípio do devido processo legal.

II. DA OMISSÃO

II.1. Considerando que este d. Juízo, em decisão condenatória, tanto perante o artigo 2º da Lei 8.176/91 quanto perante o art. 55 da Lei 9.605/98 afirmou, expressamente, que os tipos penais não exigem *nenhum resultado danoso concretizado, mas se contenta com a prática da atividade sem a devida autorização do órgão federal competente (...).*

II.2. Considerando que, <u>entre os delitos de mera atividade</u>, toda a doutrina e jurisprudência, unanimemente, declaram a existência de *delitos de perigo abstrato e delitos de perigo concreto.*

II.3. Considerando que para nenhuma das espécies de delito de perigo o dano deve se fazer presente mas, ainda assim, para os delitos de perigo concreto *não basta a mera atividade do agente*, sendo necessário que tal ação constitua *perigo real* ao bem jurídico ameaçado (como, por exemplo, o delito de direção perigosa, onde não basta estar a 100km/h para se tipificar uma conduta).

II.4. Considerando que este Juízo foi expressamente provocado sobre este tema, em alegações finais, onde se requereu a absolvição por ausência de *risco*, e não apenas ausência de dano, requer-se;

II.5. Esclareça Vossa Excelência qual o risco *real* que as condutas desenvolvidas pelos réus estavam a gerar ao meio ambiente ou, quiçá, esclareça Vossa

Excelência o motivo pelo qual entendeu que tais delitos são de perigo abstrato, sob pena de impossibilitar-se o correto exercício do contraditório e ampla defesa.

Nestes termos,

Pede deferimento.

Porto Alegre, 27 de abril de 2007

DANIEL GERBER
OAB/RS 39879

12. Razões de Apelação – delito ambiental – subsunção normativa – conflito de lei penal no tempo – Lei 8.176/91 *x* Lei 9.605/98 – coexistência das normas definidoras de bens jurídicos diversos – distinção entre "crime-meio" e "crime-fim" – impossibilidade de punição do "crime-meio" – aplicação retroativa da Lei 9.099/95, através da Lei 11.313/06 – concurso de delito e impossibilidade de utilizar a pena do concurso como óbice à Lei 9.099/95 – erro sobre elementos do tipo – princípio da lesividade e legalidade substancial – delitos de perigo concreto

EXCELENTÍSSIMO SENHOR DESEMBARGADOR FEDERAL,
DOUTOR LUIZ FERNANDO WONK PENTEADO

EGRÉGIA 8ª TURMA CRIMINAL

TRIBUNAL REGIONAL FEDERAL DA QUARTA REGIÃO

Apelação n. 000000000

J. L. R. P. e **A. C. L.**, devidamente qualificados nos autos do processo supra epigrafado, vêm, respeitosamente, ante Vossa Excelência, através de seus defensores signatários, apresentar razões ao recurso de apelo, o que o fazem com nos itens abaixo:

I. Delitos

Art. 2º, Lei 8.176/91 e art. 55 da Lei 9.605/98, em concurso formal;

II. Personagens

a) J. L. R. P.-FI – firma individual, proprietária da draga de mineração P. que, na afirmação sentencial, foi utilizada como instrumento do delito;

b) J. L. R. P. – pessoa física, proprietário da empresa J. L. R. P.-FI, responsável pelo dito delito por ser o mandante da operação de dragagem no Lago Gauíba;

c) A. C. L. – marinheiro, empregado da empresa J. L. R. P.-FI, pessoa que operava a draga no dia dos fatos tido como delituosos.

III. Fatos

Na data de 08 de março de 2004, às 11h45m, a draga P., de propriedade da empresa J. L. R. P.-FI, naquele momento capitaneada por A. C. L., estava explorando matéria-prima pertencente à União, junto ao Lago Guaíba (POA/RS).

Desde já merece destaque a correta delimitação de um (dos vários) ponto defensivo: A. C. L., pessoa de baixíssima instrução, estava a agir de tal maneira – capitaneando a draga em suas operações junto ao Lago Guaíba – por ter recebido tal ordem por parte da pessoa física de J. L. R. P., responsável único pela empresa J. L. R. P. – FI e, conseqüentemente, pela adoção das medidas pertinentes à legalidade das operações que realiza. Este ponto, não obstante ser devidamente explorado em item próprio, deve, desde o início da presente peça, restar claro à esta e. Turma Criminal no intuito de se evitar qualquer espécie de injustiça futura caso seja reconhecida a existência de delito.

Em virtude da exploração acima retratada, a Polícia Ambiental, abordando a embarcação, percebeu que – em acordo com os dizeres acusatoriais confirmados em sentença – a licença para exploração da área, requisito necessário à licitude da operação, não era válida. Conseqüentemente, deu-se a interrupção da operação, com apreensão da draga e prisão em flagrante de A. por infração aos artigos 55 da Lei 9.605/98 e 2º da Lei 8.176/91.

Instaurado o competente processo-crime, esta e. Turma, em brilhante decisão proferida nos autos do Apelo n. 00000000000, restituiu o bem a seu proprietário, nos seguintes termos:

"PROCESSO PENAL. MEDIDAS ASSECURATÓRIAS. BEM UTILIZADO PARA SUBSISTÊNCIA. RESTITUIÇÃO. NOMEAÇÃO DO PROPRIETÁRIO COMO DEPOSITÁRIO JUDICIAL.

As medidas assecuratórias previstas na legislação processual penal não justificam seja mantido sob a custódia do Poder Judiciário bem cuja finalidade precípua, em princípio, não é atividade criminosa, mas sim a subsistência de seu proprietário e de sua família, mormente apresentando-se a constrição inteiramente desnecessária à elucidação das investigações, porquanto já realizado o laudo pericial. Ademais, a restituição do bem mediante a nomeação de seu legítimo proprietário como depositário tem o condão de assegurar ulterior aplicação de pena de perdimento." (DJU 9.XII.2004)

Corrida a instrução, a d. decisão *a quo* absolveu a pessoa jurídica e condenou as duas pessoas físicas pelos delitos já mencionados, decretando, ainda, como efeito penal da sentença condenatória, o perdimento da draga – enquanto instrumento do delito – em favor da União Federal.

Estes são, sucintamente, os fatos.

IV. Direito

IV.1. Da tipificação

(A) Discussão inicial – tipificação da conduta dos Apelantes – posição do TRF da 3ª Região e antiga posição do TRF da 4ª Região Subsunção delituosa – dupla punição por ofensa ao mesmo bem jurídico – quebra do *ne pas bis in idem* – afronta ao princípio da proporcionalidade – afronta ao postulado da razoabilidade

Repetindo-se a argumentação já expendida em sede de alegações finais, cabe alegar, inicialmente, a impossibilidade de balizar-se uma condenação com fulcro nos artigos 2º da Lei 8.176/91 e 55 da Lei 9.605/98, eis que ambos tutelam o mesmo bem jurídico.

Em primeira instância alegou-se, expressamente, a derrogação da lei antiga pela lei nova, utilizando-se, para tanto, de entendimento doutrinário e jurisprudencial. Neste sentido:

Doutrina:

Também foi derrogado o art. 2 da Lei nº 8.176/91, na parte em que punia a exploração de matéria-prima pertencente à União, sem autorização legal ou em desacordo com as obrigações impostas pelo título autorizativo; a pena também era mais grave, ou seja, detenção de um a cinco anos, e multa, devendo este art. 55 igualmente retoragir.[74]

---

[74] DELMANTO, Roberto, *et al. Leis Penais Especiais Comentadas*, RENOVAR, 2006, p. 510.

Jurisprudência:

Extração de areia. Derrogação do art. 2 da Lei 8.176/91. Juizados Especiais Criminais. Possibilidade de aplicação: Processo penal. "Habeas Corpus". Crime contra o meio ambiente. Extração de areia. Prevalência do art. 55 da Lei n. 9.605/98 sobre o art. 2 da Lei 8.176/91. Sanção penal. Possibilidade de aplicação do procedimento relativo às infrações de menor potencial ofensivo (arts. 72, 74, 76 e 77 até 83 da Lei n. 9.099/95). Ordem concedida. 1. A extração de areia sem necessária autorização se constitui crime contra o meio ambiente, tipificado no art. 55 da Lei n. 9.605/98, cuja sanção cominada permite a aplicação do procedimento relativo às infrações de menor potencial ofensivo, previsto na Lei n. 9.099/95. 2. Tanto em relação ao objeto do delito quanto em relação ao bem jurídico protegido, a Lei 9.605/98 dispõe de forma específica, tratando-se, assim, de lei especial, que, como tal, derroga a geral, no caso o disposto no art. 2. da Lei 8.176/91. 3. Ordem concedida. (TRF 3R., 5 T., HC 2001.03.00.006939-7-SP, rel. Desa. Fed. Ramza Tartuce, j. 28.8.2001, RT 797/714)

A decisão *a quo,* por sua vez, afirmou que a *novatio legis* não trouxe, como efeito, através de seu art. 55, a derrogação do art. 2º da lei anterior, entendendo pela coexistência no tempo de ambos os tipos penais.

Pois bem: o que deve ser demarcado de forma clara é que – na visão ideológica da Defesa[75] – os dispositivos em comento VERSAM SOBRE O MESMO OBJETO E ESTENDEM TUTELA A IDÊNTICO BEM JURÍDICO!

Frise-se: o art. 2º, ora em comento, afirma ser delito *(...) explorar matéria – prima pertencentes à União, sem autorização legal ou em desacordo com as obrigações impostas pelo título autorizativo;* o art. 55 da novel legislação, por sua vez, afirma ser delito *... executar pesquisa, lavra ou extração de recursos minerais sem a competente autorização...ou em desacordo com a obtida.* Em suma, AMBOS OS ARTIGOS VERSAM SOBRE A EXPLORAÇÃO DO MEIO-AMBIENTE EM DESACORDO COM A LEGISLAÇÃO PERTINENTE, SENDO, A ÚNICA DIFERENÇA ENTRE TAIS DISPOSITIVOS, O GRAU DE DETALHAMENTO NA NARRATIVA DAS CONDUTAS DELITUOSAS, EIS QUE O ART. 55 COLOCA, EXPRESSAMENTE, TRÊS HIPÓTESES ESPECÍFICAS (LAVRA, PESQUISA OU EXTRAÇÃO) DE CONDUTA, ENQUANTO O ART. 2º VERSA, APENAS, SOBRE UMA CONDUTA GENÉRICA (EXPLORAR).

Então Excelências, partindo-se do pressuposto ora firmado (identidade de bens jurídicos), das duas, uma:

---

[75] O Direito, enquanto ideologia (Roxin, Claus, entre outros), permite que sobre um mesmo tema posições absolutamente divergentes sejam lançadas, cada qual com a sua competente sustentação. Neste sentido, a norma, ao final, se realiza através do intérprete (Ávila, Humerto, entre outros). Em um espaço de Democracia de Direito, vale destacar que tais diferenças são não apenas legítimas como, ao fim, estruturais.

1. Ou se considera que *executar lavra, pesquisa ou extração* nada mais são do que *maneiras* de se *explorar matéria-prima* e, neste diapasão, o art. 55 da Lei 9.605/98 **subsume** o art. 2º, de legislação pretérita, pela simples sistemática utilizada na *sucessão de leis penais no tempo,* eis que ambos estariam a versar sobre o mesmo objeto, ou:

2. Se considera que o art. 55 é **mais específico** que o art. 2º (princípio da especialidade) e, neste diapasão, em acordo com o princípio da taxatividade, o art. 55 irá incidir quando a conduta do agente for de *explorar matéria-prima através de pesquisa, lavra ou extração de recursos minerais*, e o art. 2º incide sobre qualquer outra espécie de exploração de matéria-prima que não as elencadas no art. 55, ambos, pois, coexistindo no tempo.

Dito de outra forma: na relação entre as normas analisadas, a *exploração* é o **gênero,** e a *extração* é a **espécie, o instrumento pelo qual a exploração se realiza. Crer que tais condutas signifiquem distintas situações (e, conseqüentemente, distintas lesões ao bem jurídico) pode ser (dependendo da visão ideológica do Direito) <u>uma mistura de categorias de classificação típica, passo este que não deve prosperar.</u>**

Pois bem: dentro do sistema ora delineado, se optarmos pela primeira hipótese (derrogação de lei antiga por lei nova, eis que versam sobre o mesmo objeto), a tese principal defensiva logra êxito, sendo que os Apelantes devem restar tipificados, tão-somente, junto ao art. 55 da Lei 9.605/98, eis que derrogada lei anterior;

Se, no entanto, optarmos pela segunda hipótese, ainda assim a tese defensiva alcança êxito, eis que a conduta imputada aos Apelantes é a de *extração,* especificamente definida junto ao art. 55 da Lei 9.605/98.

Isto posto, seja pela subsunção da Lei pretérita junto à *novatio legis,* seja pela coexistência de ambas no tempo, uma enquanto gênero, outra enquanto espécie, o fato é que os Apelantes não podem ter contra si uma dupla imputação que parte da ofensa a apenas um – e o mesmo – bem jurídico, sob pena de, como já afirmado, ferir-se irremediavelmente o princípio da proporcionalidade e, também, ao postulado da razoabilidade. Necessária, então, a reforma da douta decisão em tal ponto, afastando-se a tipificação do art. 2º da Lei 8.176/91 sobre a conduta dos agentes.

(B) Discussão inicial – tipificação da conduta dos Apelantes – posição atual do TRF da 4ª Região Distinção entre os bens jurídicos tutelados – permissão para punir através de concurso formal – subsunção delituosa – distinção entre "crime-meio" e "crime-fim" – ausência de punição do "crime-meio", ainda que a tutela desse seja sobre bem jurídico distinto do "crime-fim"

Este e. Tribunal Regional Federal da 4ª Região, não obstante, em seu passado recente, tenha firmado entendimento em acordo com o ora pleiteado pela Defesa e devidamente exposto no item acima, acabou por modificar seu pensamento (em atitude de renovação do Direito, passo este elementar em uma vivência Democrática), passando a entender que os delitos da Lei 8.176/91 versam sobre ordem econômica, enquanto que os delitos da Lei 9.605/98 versam sobre o meio-ambiente. Distintos, pois, os bens jurídicos tutelados, e, neste diapasão, perfeitamente possível a incidência, através de concurso formal, do art. 2º da lei antiga com o art. 55 da lei nova.

Pois bem: mesmo dentro de tal entendimento, o caso em tela não se coaduna com esta dupla punição. Explica-se:

> Para que um delito contra a ordem econômica seja digno de punição, deve-se falar, em acordo com o atual entendimento desta Corte, em usurpação do patrimônio, ainda que através de um "crime formal.

Dito de outra forma: para que o art. 2º da Lei 8176/91 seja digno de incidência, o agente deve agir com o **dolo** de explorar o meio-ambiente **causando prejuízo ao Erário** (ainda que a configuração de tal prejuízo não se faça necessária, por tratar-se de um delito "formal" ou "de mera conduta", o fato é que a desnecessidade de resultado em nada afeta a teoria geral do crime e sua exigência do dolo em relação ao resultado). No caso em tela, e até que se prove o contrário (o que não é o caso), J. L. R. P.-Fl e J. L. R. P., verdadeiros beneficiários dos valores obtidos com a venda da areia explorada, **sempre pagaram seus impostos, deixando claro que sua conduta jamais voltou-se ao prejuízo da União.**

Frise-se: se a Lei 8.176/91 tutela o patrimônio da União, um ponto essencial:

1. O dolo do agente era o de usurpar patrimônio?

Na medida em que o "dolo" do agente era *extrair areia* e, com ela, *auferir lucro* **pagando, devidamente, todos os impostos referentes às operações comerciais empreendidas**, não há que se falar em dolo de lesar o patrimônio da União, mas, tão-somente, em dolo de *extrair matéria-prima* do meio ambiente.

Frise-se: ainda que o patrimônio da União tenha sido lesado (o que não é o caso), não tendo, tal resultado, ocorrido por dolo do agente, não há que se versar sobre o delito da Lei 8.176/91.

Na medida em que certas idéias são mais fáceis de se entender do que se explicar, vale um singelo exemplo que, talvez, traduza melhor o que a Defesa ora está alegando:

> 1. Se um agente invade a casa de um "inimigo", apenas para provar que "pode", e, aproveitando que já está no interior da residência, leva embora uma televisão,

teremos *dolos distintos em relação a distintos bens jurídicos* (invasão de domicílio – bem jurídico: liberdade individual; furto – bem jurídico: patrimônio) *a serem punidos distintamente,* através da modalidade conhecida por "concurso formal";

2. Não obstante, se o agente invade a residência para furtar, a invasão de domicílio, *mesmo tutelando bem jurídico distinto em relação ao furto,* restará subsumida neste através da conhecida distinção "crime-meio" e "crime-fim".

No caso em tela, o simples fato de não se questionar, no processo, *lucro ilícito* dos Apelantes através da areia *extraída,* torna claro que o *dolo* dos agentes era, simplesmente, o de *extrair,* e não *usurpar,* passo este que, **mesmo no atual entendimento desta Corte permite, no caso em tela, o afastamento do art. 2º da Lei 8.176/91 em relação à conduta dos Apelantes.**

Dito de outra forma: o simples fato de os artigos versarem sobre distintos bens jurídicos não autoriza, por si só, a incidência de ambos, eis que, não obstante estejamos a falar de um "Direito Penal do fato", tem-se que, através da teoria finalista da ação, devidamente expressa junto ao art. 18, CP, a ausência de dolo em relação à conduta (eis que, no caso, inexiste forma culposa) típica faz com que esta, ainda que "ocorrendo no mundo fenomenológico", não obtenha ingresso no mundo jurídico.

Tal posição, inclusive, em nada contraria o atual entendimento desta Corte. Pelo contrário, a atual posição deste TRF da 4ª Região pode ser perfeitamente válida para os casos onde o agente, além de extrair recursos minerais (lesando o meio-ambiente), esteja, também, desejoso de usurpar, da União, o material retirado, usurpação esta que restaria configurada na sonegação dos proveitos financeiros que obtiver com a extração. No caso em tela, repita-se, tal desejo jamais foi demonstrado, eis que, quem tudo paga (caso dos autos), jamais deseja usurpar.

Isso posto, percebe-se que, mesmo em se tratando de distintos bens jurídicos, a incidência de ambos os tipos penais, no caso em tela, continuaria sendo inadequada por estar contrariando mandamento expresso de lei federal (art. 18, CP) e, conseqüentemente ferindo, também, o princípio constitucional da proporcionalidade e o postulado metalegal da razoabilidade, sendo necessária a absolvição, dos Apelantes, ante o art. 2º da Lei 8.176/91, através do art. 386, I, CPP.

IV.2. Do Procedimento

(C) Lei 9.099/95 – a competência do Juizado Especial Criminal por força da prevalência da tese defensiva quanto à tipificação da conduta dos Apelantes

Em sendo confirmada a tese, ventilada pela defesa com arrimo na própria jurisprudência federal, de que deverá prevalecer, sobre a conduta dos Apelantes, tão-somente o art. 55 da Lei 9.605/98 (enquanto juízo de tipicidade, eis que, no mérito, sequer tal conduta deverá ser considerada delito), tem-se, como conseqüência, a constatação de que ambos teriam Direito às benesses da Lei 9099/95, evitando, assim, o próprio processo penal, Direito este somente não aplicado por equívoco do Poder Público quanto à capitulação típica.

Quanto a este ponto, dois argumentos:

1. O equívoco do Poder Público não pode gerar prejuízos ao particular, sob pena de clara inversão da ordem ética que sustenta a própria concepção de Estado Democrático de Direito;

2. O objeto real da Lei 9099/95 é a *despenalização*, passo este que se dá por diversos instrumentos (composição civil, transação penal e suspensão condicional do processo); desta maneira, em ainda senso possível atingir-se o objetivo da Lei (evitar a imposição de pena), não há como se relutar na utilização dos instrumentos aptos para tanto.

Frise-se: o fato de já ter corrido o processo penal em primeira instância não serve de argumento impeditivo para, neste momento, se declarar o Direito dos Apelantes à transação penal, por exemplo, eis que o objetivo maior da Lei ainda pode ser alcançado. Mais uma vez, não há que se confundir o instrumento com o objeto, eis que se este último ainda existe, o instrumento continua válido.

Isso posto, em sendo reconhecida a procedência da tese defensiva quanto à capitulação típica da conduta dos Apelantes, torna-se mister declarar-se a nulidade do processo por incompetência absoluta de juízo, devolvendo-se os autos ao Juizado Especial Criminal para que, lá, se adotem as providências cabíveis, sob pena de severa afronta ao princípio do juiz natural e devido processo penal.

(D) Lei 9.099/95 – do parágrafo único do artigo 60 da Lei 9.099/95, alterado pela Lei 11.313/06 – da aplicação dos benefícios da composição civil e transação penal para o delito do art. 55 da Lei 9.605/98, ainda que em concurso com delito mais grave

Mesmo que a tese defensiva sobre a tipificação da conduta dos Apelantes não encontre êxito nesta e. Turma (apenas para se argumentar, eis que não se acredita em tal hipótese), tem-se que, com a edição da Lei 11.313/06, e graças ao art. 2º, CP, o delito do art. 55 da Lei 9.605/98 deveria ter sido objeto de transação penal.

Nesta senda, a Defesa interpôs, inclusive, pedido de declaração da douta decisão ora guerreada, com o trecho abaixo destacado:

Considerando que o parágrafo único do artigo 60 da Lei 9099/95, alterado pela Lei 11.313/06, dispõe, expressamente, que na reunião de processos, **perante o juízo** comum *ou o tribunal do júri, decorrentes da aplicação das regras da conexão e continência,* **observar-se-ão os institutos da transação penal e da composição dos danos civis;**

Considerando que tal lei é, definitivamente, lex mitior, devendo ser aplicada, por conseqüência, em acordo com o artigo 2º de nosso Código Penal;

Considerando ser, **a hipótese legal, exatamente idêntica ao caso em concreto,** *eis que se fala de um delito de menor potencial ofensivo sendo julgado em Vara Criminal Comum por força exclusiva de conexão e continência.*

Explicite, Vossa Excelência, o motivo pelo qual não concedeu aos peticionários, para, exclusivamente, a imputação típica do art. 55 da Lei 9605/98, o benefício da retroatividade de lei benigna posterior, na forma do art. 2º, CP, combinado com o parágrafo único do art. 60 da Lei 9099/95, sanando, assim, **a clara contradição que ora se aponta entre o texto legal e a douta sentença condenatória,** *sob pena de negar-se vigência ao art. 2º, CP, ao art. 60 da Lei 9099/95, em seu parágrafo único, assim como ao princípio do devido processo legal.*

A d. decisão *a quo,* ancorada no parecer do MPF, entendeu que a aplicação dos benefícios da Lei 9.099/95 somente seriam objeto de análise, perante o juízo comum, quando a soma/exasperação das penas não ultrapassasse o patamar do art. 61 da Lei, qual seja o de pena máxima não superior aos dois anos lá marcados.

Com o devido respeito Excelências, tal entendimento trabalha com hipóteses que jamais poderiam justificar a própria edição da Lei 11.313/06. Explica-se:

A Lei 10.259/02 (Juizados Especiais Criminais Federais) jamais fez – como ocorria na então 9099/95 – distinção, para fins de competência de Juizado Especial Criminal, quanto ao tipo de procedimento especial que determinado delito pudesse ter. Desta forma, sempre que um delito escapava à competência do JEC, assim o fazia pelo patamar de sua pena máxima, e não por procedimentos especiais que pudesse deter, ou por conexão/continência.

Dito de outra forma: se um delito de menor potencial ofensivo (Federal) estivesse sendo julgado perante um procedimento comum, tal fato tinha, apenas, uma explicação: estava em concurso (formal ou material) com um delito maior, e a soma das penas, em abstrato, extrapolava os limites do JEC. Em suma: se delitos conexos ou continentes, em concurso, não extrapolarem o patamar de pena imposto pelo JEC, não há que se falar em procedimento ordinário; pelo contrário, serão julgados, em conexão ou continência, perante o JEC.

Ora Excelências, se a **única hipótese** onde um delito de menor potencial ofensivo possa estar sob trâmite ordinário é a do concurso com delito cuja soma/ exasperação das penas mínimas ultrapasse o patamar de dois anos, percebe-se que a Lei 11.313/06, ao afirmar que *em procedimentos ordinários* será respeitado, para tais delitos, os benefícios do JEC, já contava com o fato de que tal delito estava no procedimento ordinário por estar em concurso com delito mais grave!

Frise-se: não existem leis desnecessárias. Respeitar-se o procedimento do JEC em casos de conexão ou continência cuja soma/exasperação de penas NÃO ultrapasse dois anos É A REGRA GERAL presente já na Lei 10.259/02, e não seria necessária nova lei para versar sobre o tema!

Desta forma, se nova Lei surgiu, torna-se óbvio que deve ser aplicada onde, antes, não seria possível operar-se com o objeto, e, em sendo assim, volta-se ao ponto: **o único caso onde, antes, não era possível a aplicação da transação penal em crimes conexos/continentes é, justamente, o caso em tela, onde o concurso de delitos faz com que as penas extrapolem, inicialmente, a competência do JEC.**

Isto posto, seja mediante o afastamento, seja em se mantendo a conexão com o delito do art. 2º da Lei 8.176/91, torna-se imperiosa, sob pena de quebra do *due processo of law,* a incidência do art. 76 da Lei 9.099/95 sobre o art. 55 da Lei 9.605/98.

IV.3. Dos princípios gerais de Direito – a lesividade como elemento fundante da norma – distinção entre lesividade e resultado – distinção entre crimes de perigo e crimes de resultado

No caso em tela uma outra discussão, para além da abordagem típica, assume singular importância: a lesividade enquanto elemento necessário na conduta fática para a incidência da norma penal, seja ela um tipo de dano, seja um tipo de perigo.

Não há que se confundir, por óbvio, *lesividade* e *resultado naturalístico;* pelo contrário, a Defesa não apenas conhece como reconhece como legítima, em uma sociedade de comunicação planetária e envolvida com bens jurídicos até então sequer conhecidos, a criação de tipos de perigo, onde a antecipação do poder de punir, enquanto prevenção de um dano irreparável, torna-se a única forma de se tutelar tal bem.

Entretanto, o reconhecimento de tal pressuposto legitimador não afasta a necessidade de se diferenciar, pelo tipo de *lesividade* da conduta, a espécie de punição a ser estipulada, principalmente em observância às esferas penal e administrativa de nosso Direito pátrio.

Nesta senda, o tipo penal do art. 55 da Lei 9.605/98 restará legitimado, enquanto tipo de perigo, trouxer consigo grau de *lesividade* ao meio-ambiente na conduta empreendida pelo agente, situação esta compreendida como, *no mínimo,* perigo de dano ao bem jurídico tutelado pela norma.

Frise-se: não se está a reclamar a *lesão,* mas, sim, a *lesividade,* esta representada pelo (1) dano ou, como afirmado, no mínimo pelo (2) perigo ao bem jurídico tutelado.

Se tal elemento – *lesividade* – não existir, estar-se-á diante de mera infração administrativa, e a distinção entre uma multa por excesso de velocidade e o delito de direção perigosa explicitam, por si só, o argumento que ora se ventila.

Em uma excelente explanação sobre o tema *lesividade,* Fábio D´Ávila resume o ora alegado:

> Da mesma forma que o fortalecimento da compreensão do crime como mera violação dos deveres impostos pelo Estado, em uma política criminal de exaltação dos vínculos éticos de fidelidade e obediência durante o nacional-socialismo, muito tem a dizer sobre a relação Estado-cidadão na Alemanha nazista, também o modelo de crime como ofensa a bens jurídico-penais pretende refletir e concretizar linhas ideológicas comuns à grande maioria dos Estados ocidentais contemporâneos. Em verdade, podemos dizer que o modelo de crime como ofensa a bens jurídicos em sua vertente principiológica, o denominado princípio da ofensividade, é, antes de qualquer coisa, uma projeção principal de base político-ideológica que reflete uma forma de pensar o direito penal e o fenômeno criminoso não só adequada, mas até mesmo intrínseca ao modelo de Estado democrático e social de Direito (...) a ofensividade é, sem dúvida, por inúmeras razões, uma exigência constitucional (...) Não é possível partirmos de um dado empírico, do reconhecimento da existência de crimes desprovidos de ofensividade...para afastar a incidência da exigência constitucional da ofensividade.[76]

E, nas palavras de ilustre representante do Ministério Público Estadual, Dr. Carlos Otaviano Brenner de Moraes:

> Esta probabilidade de lesão, ou lesão potencial, que é a alma da ilicitude, é pura valoração do caráter lesivo de uma ação humana, relação entre o fato e o valor como objeto da tutela. Aliás, é a noção de lesividade que fundamenta e dá conteúdo ao tipo...O Direito Penal é, na sua essência, tutela de valores ... fora do resguardo aos valores, o Direito Penal perde a razão de sua existência e se transforma fatalmente em um instrumento de terror ou em um meio técnico de profilaxia social.[77]

---

[76] D"Ávila, Fábio Roberto. Elementos para legitimação do direito penal secundário, *in* Direito Penal Secundário. RT: São Paulo, p. 85/89.

[77] Parecer dado no famoso "caso Ellwanger", pela condenação do réu graças ao perigo que sua conduta efetivamente gerava ao bem jurídico tutelado, onde Siegfried Ellwanger foi processado por racismo; in *Ensaios sobre o anti-semitismo contemporâneo:* dos mitos e da crítica aos tribunais. Milman, Luis. Org. Sulina: Porto Alegre, p. 183.

Resta claro, então, que *em delitos contra o meio-ambiente se faz necessário que a conduta do agente esteja, no mínimo, gerando perigo ao bem jurídico tutelado pela norma, ainda que, de tal perigo, nenhum dano resulte.*

Ou, dito de forma inversa: *em delitos contra meio-ambiente, a mera irregularidade administrativa, <u>sem acarretar qualquer espécie de perigo ao meio ambiente</u>, não legitima a incidência das normas de caráter penal da Lei 9.605/98.*

Pois bem: no caso em tela deve-se fixar alguns pontos essenciais para a colocação do problema da *lesividade* sobre a conduta dos Apelantes:

1. O Apelante J. L. R. P. detinha, *há anos*, a competente autorização para extrair areia *exatamente onde estava extraindo no dia dos fatos,* eis que, em acordo com a FEPAM, não existe, em tal local, risco ou perigo ao meio-ambiente[78];

2. A "ausência de licença ambiental" que gerou o presente feito se deu por questões de cunho absolutamente administrativo, quais sejam:

3. O pedido de *renovação* da licença ambiental então existente *foi feito*, mas com *alguns dias de atraso perante o prazo legal;*

4. Existe uma ação civil pública suspendendo todas as licenças de extração para determinada parte do Lago Guaíba;

4.1. Tal ação *em nada discute o meio-ambiente enquanto bem jurídico tutelado,* limitando-se a discutir qual o órgão público (Municipal X Estadual X Federal) detém *competência funcional* para fornecer a licença;

Percebe-se, aqui, a absoluta *ausência de qualquer espécie de perigo ao meio-ambiente* na conduta empreendida pelos Apelantes; pelo contrário, e tal ponto merece destaque especial:

O local onde estava se operando a extração de areia é um local próprio para tal atividade justamente por não lesar o meio-ambiente, e isto não se discute <u>e nem jamais foi contraditado pelo mpf ou pela própria decisão *a quo!*</u> a única discussão – travada na ação civil pública – é, ao fundo, e em um raso (mas inequívoco) liinguajar, saber qual o órgão público que receberá os valores referentes ao licenciamento da área.

Frise-se: se no local dos fatos existisse um risco, por menor que seja, ao meio-ambiente, como explicar que a própria FEPAM sempre autorizou a atividade de extração em tal área?

Ora Excelências, soa como ofensa ao próprio postulado de um Estado Democrático de Direito que um cidadão seja condenado *criminalmente* pelo simples fato de ter perdido um prazo (mas, ainda assim, protocolado o pedido de renovação de licença) administrativo (principalmente quando a própria administração costuma perder seus prazos na análise das licenças e, por isso, a "renovação automática")

---

[78] Eis que, se risco existisse, não teria, a FEPAM, fornecido – por anos – a licença ambiental.

ou ter sido suspenso por questões de cunho também e meramente administrativas (qual órgão irá lucrar com o meio ambiente?).

Isso posto, caso a tese inicial ventilada pela Defesa quanto à aplicação do art. 76 da Lei 9099/95 para os Apelantes não seja reconhecida como válida, tem-se que, seja pelo princípio da proporcionalidade que, como sempre, (des) legitima a norma penal, seja pelo princípio da lesividade e intervenção mínima, todos eles adotados através do princípio da legalidade em sua concepção substancial, seja pelos postulados de um Estado Democrático de Direito, onde todos os princípios supra elencados servem como única fonte de proteção individual, o fato é que a absoluta ausência de lesividade no agir dos acusados faz com que a norma penal seja necessariamente afastada do caso em concreto, impondo-se a absolvição destes através do art. 386, I, CPP (absolvição esta que serve tanto para o art. 55 da Lei 9.605/98 quanto para o art. 2º da Lei 8.176/91, pelos motivos elencados tanto aqui quanto em item anterior).

IV.4. Do erro sobre os elementos do tipo – a ausência de conhecimento, por parte dos Apelantes, quanto à invalidade da Licença de Operação enquanto elemento de ambos os tipos penais

Não bastassem todos os argumentos supra que, ao fundo, versam sobre o cotejo entre "fato" e "Direito", há que se ponderar, ainda, e como derradeira tese defensiva de absolvição dos Apelantes, a ignorância de ambos quanto à invalidade da Licença de Operação da draga P.

Como afirmado em sede de instrução processual, a draga P. sempre teve licença ambiental para operar na área onde foi apreendida, sendo que tal autorização estava cassada, na época dos fatos, graças a uma ação civil pública que, liminarmente, suspendeu sua eficácia **sem, contudo, dar-se a intimação pessoal dos Apelantes em relação a tal assunto.**

Tal tese, por sua vez, se aceita fosse, traria por conseqüência a incidência do art. 20, CP, sobre a conduta dos Apelantes, passo este que, na ausência de previsão culposa para os delitos que lhes são imputados, redundaria nas suas respectivas absolvições.

A sentença, não obstante a farta e absolutamente idônea prova testemunhal produzida quanto à ignorância de tal liminar não apenas por parte dos Apelantes, mas, indo além, por parte do próprio corpo jurídico e presidência da associação dos mineradores do Lago Guaíba, acreditou que os Apelantes sabiam, sim, da restrição.

Pois bem: considerando já demasiado longo o texto apresentado em sede de alegações finais, ressalta-se a este Tribunal, tão-somente, dois graves equívocos que norteiam a decisão *a quo* quando, por mais de uma vez, afirma que ambos os Apelantes sabiam da ação civil pública que, por sua vez, e mediante medida liminar, suspendeu a eficácia da licença **então existente para a draga P.**

1. Parte do pressuposto de que o ofício encaminhado pelo DNPM à Ré J. L. R. P. – FI chegou ao conhecimento dos Apelantes; menciona, inclusive, o docu-. mento de folhas 253 como fonte de convencimento sem, contudo, dar-se por conta que tal documento NÃO ESTÁ ASSINADO POR NINGUÉM QUE ACUSE SEU RECEBIMENTO NA CITADA EMPRESA, NÃO EXISTINDO, SEQUER, PROVA DE SUA POSTAGEM NO SISTEMA DE CORREIOS.

2. Parte do pressuposto de que a publicação da ordem suspensiva, por ter sido publicada em edital (mencionando folhas 254 dos autos), a torna de obrigatório conhecimento, esquecendo-se que, em sede de processo penal, a citação editalícia é denominada "fictícia" e, inclusive, não autoriza, sequer, o início de instrução (salvo exceções legais e devidamente expressas em lei); dito de outra forma: usa em desfavor dos Apelantes um entendimento que o próprio processo penal já havia abandonado, dada sua escancarada injustiça!

Frise-se: os Apelantes estão sendo condenados, criminalmente, pelo fato de o juízo *a quo* fornecer, à citação editalícia, poderes que o próprio sistema processual penal há muito já revogou, situação esta que ofende, irremediavelmente, o postulado da razoabilidade que, como inúmeras vezes já afirmado na presente peça, deve nortear uma decisão judicial.

Mais: ainda que o juízo *a quo* "conclua" pela ciência dos Apelantes quanto à restrição imposta, o fato é que tal conclusão não está ancorada em um fato concreto que a legitime de maneira irretorquível (eis que um edital e uma intimação sem protocolo de recebimento não são aptos ao alcance da certeza; pelo contrário, geram, no máximo, uma probabilidade), passo este que não poderia gerar uma sanção condenatória sob pena de, também de maneira irremediável, ferir o princípio da presunção de inocência que, em situações de cunho penal, reclama, junto ao art. 157, CPP, uma base fática devidamente provada nos autos como fonte do livre convencimento judicial (eis que o juiz decidirá, consoante texto legal, em acordo com a *prova* dos autos).

E nem há que se versar sobre o fato de a Licença de Operação da draga P. ter tido seu pedido de renovação protocolado **com atraso**, eis que tal situação, típica de uma **negligência**, não ancora um entendimento doloso sobre o agir dos Apelantes; pelo contrário, **o fato de tal pedido de renovação ter sido protoco-**

lado, ainda que com atraso, apenas demonstra que a vontade dos Apelantes era a de extrair o minério em absoluto acordo com o mandamento legal.

Isso posto, em acordo com o postulado da razoabilidade, assim como em acordo com o princípio da presunção de inocência e, ao fim, respeitando-se a regra do art. 157, CPP, que exige o suporte fático inequívoco para o decreto judicial condenatório, requer-se o reconhecimento, sobre a conduta dos Apelantes, do art. 20, *caput*, CP, impondo-se, conseqüentemente, a absolvição de ambos.

IV.5. Do cálculo da pena – equivocada valoração das circunstâncias judiciais

O e. juiz aplicou a pena valorando negativamente as circunstâncias judiciais "motivos do crime" e "comportamento da vítima"

Quanto aos motivos do crime, cumpre frisar que a vantagem pecuniária é inerente ao tipo, não sendo crível cogitar de pessoas que cometam delitos ambientais porque desejam de maneira vil destruir a natureza.

Considerar a difícil situação financeira dos órgãos fiscalizadores, tais como FEPAM e DNPM, como fator negativo em termos de comportamento da vítima é atribuir ao cidadão responsabilidade que não é sua, mas do próprio Estado. Ademais, desconhece-se a natureza difusa do bem jurídico tutelado pela norma, que por certo não é o bom funcionamento dos órgãos fiscalizadores, mas o próprio meio ambiente. Ou seja, não é possível considerar como fator negativo em termos de comportamento da vítima a situação deficitária dos órgãos fiscalizadores, simplesmente porque estes não são as vítimas dos delitos em análise.

Por este motivo, requer-se o redimensionamento da pena, fixando-a no mínimo legal, sob pena de afronta ao princípio da proporcionalidade.

IV.6. Da proporcionalidade da pena – da valoração entre o instrumento do delito e o delito em si – da impossibilidade constitucional do "confisco" – o perdimento da draga como ofensa ao princípio da proporcionalidade e ao postulado da razoabilidade

Caso todos os argumentos Defensivos sejam ultrapassados, confirmando-se, assim, a sentença condenatória, tem-se que um dos efeitos lá declarados como conseqüentes à condenação, qual seja a perda da Draga P. em favor da União, torna-se absolutamente inconstitucional por dois distintos vieses, eis que fere lei ordinária federal que, ao fundo, garante a prevalência do princípio da legalidade

PEÇAS DEFENSIVAS NO DIREITO PENAL **125**

e, conseqüentemente, do princípio do *due process of law* (em seu caráter substancial), e fere, também, o princípio da proporcionalidade e o postulado da razobilidade.

Quanto à contrariedade ao mandamento federal e, conseqüentemente, ao conceito de due processo of law, repete-se, para evitarmos tautologia, os argumentos já expendidos na apelação que gerou a restituição da Draga ao Apelante J. L. R. P.:

> Por fim, a sentença ainda desenvolve o equivocado raciocínio de que a embarcação apreendida deveria ser considerada como instrumento do crime – segundo a definição fornecida pelo Código Penal, art. 91, inciso II, alínea "a" (sic) – e, como tal, estaria sujeita à pena de perdimento ou confisco. Desta forma, entende o decisum que a apreensão se justificaria para garantir os efeitos de eventual condenação (fls. 139).
>
> Para visualizar o equívoco da decisão basta verificar o que diz o mencionado dispositivo da legislação penal ao definir, como efeitos da condenação, a perda em favor da União:
>
> *"a) dos instrumentos do crime,* **desde que** *consistam em coisas* **cujo fabrico, alienação, uso, porte ou detenção constitua ato ilícito."**

Percebe-se, frontalmente, o equívoco da sentença em decretar a perda da draga Picasso em favor da União, eis que a literalidade da Lei – limite primeiro ao Poder Público, princípio da legalidade, art. 1º, CP – deixa claro que a perda do bem somente irá se operar quando uma determinada pré-condição estiver presente, qual seja o caráter ilícito do **fabrico, alienação, uso, porte ou detenção** do bem em si, passo este que em nada se coaduna com o uso de uma draga devidamente licenciada e vistoriada pelos órgãos de proteção ambiental.

E, caso o dispositivo legal invocado para justificar o perdimento fosse o art. 25, parágrafo 4º, da Lei 9.605/98, tem-se que tal entendimento continuaria, para o caso em tela, equivocado.

Neste sentido, e no que tange à incidência do princípio da proporcionalidade como ancoragem da argumentação defensiva, o próprio Exmo. Des. Dr. Paulo Brum Vaz, ao deixar claro, em seu voto – no apelo do pedido de restituição da draga – que a draga é um **bem cuja finalidade precípua, em princípio, não é atividade criminosa, mas sim a subsistência de seu proprietário e de sua família,** e, indo além, citando expressamente o fato de que **ao apelante, inclusive, em vista do período em que o equipamento de dragagem ficou retido, não restou outra alternativa que a demissão de funcionários que para ele laboravam na atividade de extração de areia (termos de rescisão carreados às fls. 66/71),** acaba por desvelar o ora alegado, qual seja a ausência de proporcionalidade em sentido estrito no que tange ao perdimento de um bem de valor financeiro e estrutural quando e por força de um delito de menor potencial ofensivo ou, quiçá, um delito contra o patrimônio da União que, ao fim, também não representou dano financeiro quantitativamente significante (pelo menos não significante ante o valor que a draga simboliza para o sustento do Apelante e de sua família: tal conclusão, inclusive, é extraída da própria sentença que, podendo estipular o valor do dia-multa para o delito do art. 2º da Lei 8.176/91 entre os patamares 14 e 200 BTN, escolheu 50 BTN, bem próximo do mínimo, muito distante do máximo. Em suma, considerou o dano ao patrimônio da União como algo pequeno, eis que, do contrário, o valor estipulado como pena de multa seria maior). Desta maneira, o confronto entre os bens jurídicos em jogo demonstram, claramente, a ausência da proporcionalidade que ora se reclama.

E, ainda que o entendimento desta e. Corte seja pela existência de proporcionalidade do ato, temos que o postulado da *razoabilidade*[79], ao afirmar como Direito a *proibição do excesso,* faz com que o perdimento da draga seja, efetivamente, algo a ser evitado, eis que **não é razoável privar um cidadão de seu meio de subsistência por força de um** (que não se acredita) **delito de menor potencial ofensivo ou, quiçá, por um delito contra o patrimônio da União que, como já afirmado, não foi de valor significante!**

Isto posto, em sendo mantida a decisão condenatória – *ad argumentandum tantum* –, que seja reformada neste específico ponto, mantendo-se a draga Picasso sob a propriedade de J. L. R. P.

V. REQUERIMENTOS FINAIS

Por todo o exposto, e considerando que a ordem de apresentação das teses não segue a ordem de sua graduação, requer-se:

1. Absolvição dos Apelantes, através do art. 386, I, CPP, na medida em que a conduta empreendida na data dos fatos, ante a absoluta ausência de dolo e lesividade aos bens jurídicos tutelados, não significam o cometimento de um delito por ausência de tipicidade material;

Em sendo mantida a tipicidade das condutas, requer-se:

---

[79] *A razoabilidade, como dever de harmonização do Direito com suas condições externas (dever de congruência) exige a relação das normas com as suas condições externas de aplicação...A razoabilidade como dever de vinculação entre duas grandezas (dever de equivalência), semelhante à exigência de congruência, impõe uma relação de equivalência entre a medida adotada e o critério que a dimensiona. Nessa hipótese exige-se uma relação entre critério e medida, e não entre meio e fim...Não há, nessas hipóteses, qualquer relação de causalidade entre dois elementos empiricamente discerníveis, um meio e um fim, como é o caso da aplicação do postulado da proporcionalidade. Há – isto, sim – uma relação de correspondência entre duas "grandezas".* ÁVILA, Humberto. Teoria dos Princípios: da definição à aplicação dos princípios jurídicos. Malheiros: São Paulo, 4ª ed., p. 110/111.

2. Afastamento da incidência, sobre a conduta dos Apelantes, do art. 2º da Lei 8.176/91, seja pela tese desenvolvida em item 4.1 "A", seja em item 4.1 "B";

3. Aplicação do art. 76 da Lei 9.099/95 ao tipo do art. 55 da Lei 9.605/98, sendo ou não reconhecido o afastamento do art. 2º da Lei 8.176/91, sobre a conduta dos Apelantes;

4. Se mantida a incidência do art. 2º da Lei 8.176/91 sobre a conduta dos Apelantes, assim como se negada a transação penal para o art. 55 da Lei 9.605/98, requer-se absolvição daqueles, com base no art. 386, I, CPP, graças ao art. 20, *caput*, CP.

Nesses termos,

Pede deferimento.

Porto Alegre, 1º de outubro de 2007

DANIEL GERBER

OAB/RS 39879

13. Alegações Finais, art. 500, CPP – negativa de autoria – valoração das provas e o direito à inocência – a dignidade da pessoa humana e a distinção entre as espécies de absolvição

EXMO. SR. DR. JUIZ DE DIREITO DA 2ª VARA CRIMINAL
DE SÃO LEOPOLDO – RS

Processo............. 000000000
Objeto................art.500, CPP

C. D., devidamente qualificado nos autos do processo supra-epigrafado vem, respeitosamente, ante Vossa Excelência, através de seu defensor signatário, em sede de **ALEGAÇÕES FINAIS**, expor e requerer o que segue:

I. FATOS

Conforme denúncia, C. D. foi acusado por dois distintos fatos, a saber:

1. No dia 10 de outubro de 2003, investir, com seu automóvel, contra o veículo de M.M., *"com fim de favorecer interesse próprio, qual seja, intimá-la para que deixasse de depor contra o denunciado em processo criminal"* (fl.), e

2. No dia 17 de novembro de 2003, perseguir C.K. (marido de M.M.) por algumas quadras, ambos em seus automóveis, para, ao final, jogando seu veículo contra o dele, provocar deliberadamente uma colisão entre os automóveis.

Em seu interrogatório, o acusado negou peremptoriamente a acusação, aduzindo:

3. Em relação ao primeiro fato, que fora M.M., ao atravessar seu automóvel em um sinal de trânsito que estava fechado para si, a causadora de uma situação de risco e,

4. Em relação ao segundo fato, que fora C.K. o causador do acidente automobilístico, pois este bateu seu carro na traseira do veiculo que – o Réu – tripulava (vale frisar que o acusado, ao narrar o ocorrido, demonstrou sua boa-fé processual afirmando não saber se C.K. causou tal acidente por intenção ou imprudência).

Por fim, e como importante pano de fundo para contextualizar os motivos que geraram o presente feito (assim como o deplorável comportamento que C.K e M.M. adotaram ao denunciá-lo e, também, durante o trâmite deste processo), esclarece a existência de sérios problemas de relacionamento que detém com as ora sedizentes vítimas em razão de desavenças comerciais.

No decorrer do processo as teses de defesa ventiladas pelo peticionário quando de seu interrogatório restaram confirmadas a ponto tal que as alegações finais formuladas pelo Ministério Público, além de ensejarem seu pedido de absolvição, retratam de maneira fiel o comportamento das vítimas, RESTANDO EVIDENTE O AFÃ DESTAS ÚLTIMAS EM INCRIMINÁ-LO INJUSTAMENTE.

No intuito de corroborar o já percebido pelo próprio órgão Ministerial, passa-se, brevemente, ao estudo da prova coligida ao feito.

II. PROVAS

A vitima M., em seu depoimento, aduz que o acusado teria feito arriscada manobra para atingir seu veículo.

Entretanto, e já desvelando a perfídia e a má-fé processual que norteou o comportamento desta referida Senhora em esfera policial e judicial, toda a – robusta – prova testemunhal é elucidativa justamente no sentido contrário ao da versão apresentada por si. Corroborando a tese defensiva, e talvez a mais contundente declaração de inocência do acusado e má-fé de M., tem-se que a testemunha S., M.M., que estava, no momento dos fatos, dentro do carro daquela primeira, esclareceu que fora M. quem investiu, deliberadamente, contra o carro do Réu.

Um trecho ainda impressionante de tal depoimento reside no ato de que, consoante S., M.M. teria sido advertida por sua própria filha – também tripulante do veículo – que seria um carro novo.

Por fim, como se não bastassem tais declarações, S. afirma que M.M. TEM ÓDIO DO RÉU!

Como afirmado, o teor do até então analisado já demonstra a inocência do Réu perante as acusações que, outrora, lhe foram imputadas. No entanto, e como se percebe da continuidade do depoimento de S., M.M. acabou por cometer o delito de denunciação caluniosa.

Nesta senda, a testemunha frisou ter sido induzida por M.M – então sua empregadora – a prestar depoimento com fatos diversos na esfera policial, inclusive tendo sido levada por M.M. para a delegacia de polícia.

Já a testemunha P.A., ao se apresentar como testemunha presencial do segundo evento, presta depoimento completamente fora da realidade, aduzindo fatos que sequer foram relatados pelas supostas vítimas, SENDO VEEMENTEMENTE DESMENTIDO PELO POLICIAL MILITAR A.S.S.

O policial A.S.S., que atendeu o chamado da ocorrência originada pela colisão dos automóveis, frisa que no local não houve nenhuma testemunha, afirmando desconhecer que lá tenha se apresentado como testemunha P.A.

Mais: vale observar que, em seu depoimento, a própria testemunha demonstra não ter "aprendido bem" a estória que deveria contar, pois alterna seu depoimento entre ter chegado no local dos fatos de carro ou a pé. (vale observação dos antecedentes policias de P.A., a fls. 313 e 320 e seguintes).

Tal situação acaba por gerar, novamente para M.M. e pela primeira vez para C.K., a incidência do tipo do art. 339, CP, sobre seus comportamentos, restando evidenciada a má-fé de tais agentes quando prestaram ocorrências em desfavor do ora acusado, eis que, na ânsia de prejudicá-lo a qualquer custo, socorreram-se do falso testemunho de P.A. para tanto.

Ainda resta provada a conduta delituosa de M.M e C.K. através do depoimento de C. D., onde esta relata o comportamento persecutório de M.M. em relação ao acusado, tendo inclusive sido ameaçada, xingada e destinatária de gestos obscenos – inclusive dirigidos contra o filho da testemunha – realizados pela vítima, em diversas oportunidades. Cita, inclusive, que em certa ocasião M.M. teria arremessado o veículo que tripulava contra o seu, SITUAÇÃO IDÊNTICA A QUE RESTOU PROVADA NESTES AUTOS, DEMONSTRANDO A PARIDADE DA VERSÃO DA DEFESA.

Relata ainda a testemunha R. G. M. que a "vítima" M.M. – então sua patroa – lhe pediu que testemunhasse contra o acusado e, ante justa e correta negativa a tal solicitação, foi ameaçada e efetivamente demitido do seu emprego.

A atitude de M.M. em desfavor de empregados que se recusaram a participar da fraude processual não restou isolada no caso de R.G.M. Pelo contrário, a testemunha S.E.T. apresenta nova tentativa de M.M. em obter falso testemunho de uma funcionária sua, o que, não sendo aceito, resultou em nova demissão.

Escancara-se, pois, a tese ora ventilada pela defesa, qual seja a de absoluta ausência de fato típico a ser imputado ao ora peticionário. Ao reverso, este foi vítima da dolosa intenção de C.K. e M.M. em lhe incriminarem, passo este que deve ser veementemente repudiado por parte deste Poder Judiciário.

Surge, deste específico ponto, a única divergência da Defesa para com o parecer do nobre agente Ministerial. Nesta senda, foi requerida pelo órgão da acusação a sentença absolutória com fulcro no art. 386, VI, CPP, passo este que não deve prosperar, sendo a real fonte de absolvição o inciso I do dispositivo em comento.

Tal divergência abrange, em verdade, um problema que extrapola os limites deste específico processo, e que poderia se resumir em um questionamento: como pode, o inocente, provar que nada fez, ante uma acusação que lhe é imputada por má-fé de algum adversário?

Consoante trecho de Borges da Rosa, destacado por Ricardo Cunha Martins (*Prova Criminal*, 2 ed., Livraria do Advogado, 2002, p. 39), *a prova negativa, isto é, a prova da não culpabilidade, em regra não é possível; exigi-la representaria, na maior parte dos casos, um absurdo lógico e uma iniqüidade. Quem se defende, fora dos casos de álibi concludente e de outras poucas hipóteses, não tem a possibilidade de fornecer a prova negativa.*

Ora Excelência, não obstante a dificuldade em se realizar uma prova negativa, tem-se que, no caso dos autos, a má-fé das vítimas restou evidenciada por vários depoimentos que não apenas o do Réu. Será que, em situação como esta, o cidadão injustamente processado não merece ter, em seu favor, uma decisão que possa, orgulhosamente, apresentar para seus familiares e amigos próximos? Ou, ao revés, deverá, por força desta má-fé, carregar consigo o peso de uma absolvição por falta de provas, onde a suspeita sobre sua inocência ou culpa sempre poderá permear o julgamento moral de seus pares?

Na esteira das inesquecíveis lições de Francesco Carnelutti (*As Misérias do Processo Penal*, CONAN, 1995, p. 46/46), *... o processo por si mesmo é uma tortura...o homem, quando é suspeito de um delito, é jogado às feras, como se dizia uma vez dos condenados oferecidos como alimentos às feras. A fera, a indomável e insaciável fera, é a multidão...o indivíduo, assim, é feito em pedaços. E o indivíduo, relembremo-nos, é o único valor da civilização que deveria ser protegido.*

Voltando-se ao ponto: uma sentença absolutória por falta de provas poderá ser utilizada por C.K. e M.M., verdadeiros agentes delituosos, como um troféu perante seus pares, alegando – aqueles – que o Réu somente não foi condenado por sorte. Será justo que, provada a perfídia de tais Senhores, continuemos a erguer sobre a cabeça de C. D. a etiqueta de suspeito? Será adequado que C. ainda

132   *Daniel Gerber*

possa ser apontado na rua, por seus algozes, como um criminoso? Será, por fim, moralmente legítimo permitir-se que o algoz ainda esteja travestido de vítima perante a sociedade que o acolhe?

Como medida única de Justiça para o caso em tela ergue-se, indubitavelmente, a sentença absolutória por inexistência de fato, ou, dito em bom português, O RÉU MERECE SER QUALIFICADO COMO INOCENTE, não através do largo conceito jurídico que tal palavra encerra mas, indo além, e considerando que os efeitos de um processo penal ultrapassam os limites da lide em si, ATRAVÉS DO ESTRITO CONCEITO MORAL E SOCIAL DESTE ADJETIVO.

Por fim, e apenas por atribuição profissional indispensável ao exercício da Defesa Técnica, eis que a inocência de C. D. já resta escancarada nos autos, sendo este, em verdade, vítima das ações intentadas por M.M. e C.K., tem-se que não existiria para o Réu sequer motivação para a prática do delito que lhe é imputado em denúncia.

Neste sentido, o Réu foi acusado de ameaçar gravemente M.M. com intuito de favorecer interesse próprio em processo judicial.

Ora Excelência, na data do ocorrido, M.M. **já havia deposto!**

NÃO EXISTE, POIS, SEQUER MOTIVAÇÃO PARA QUE O RÉU EFETIVAS-SE A CONDUTA QUE LHE FOI IMPUTADA EM INICIAL ACUSATÓRIA E, COMO COROLÁRIO LÓGICO DA QUESTÃO TEMPORAL SUPRA CITADA, INEXISTE, TAMBÉM, JUÍZO DE TIPICIDADE FRENTE O ARTIGO 344, CP.

Neste sentido, jurisprudência:

O delito do art. 344 do CP exige, para a sua configuração, o dolo específico, que se caracteriza pelo fim de favorecer interesse próprio ou alheio. Tratando-se de testemunha, consiste em obrigá-la a depor falsamente. Se esta já havia deposto, quando feita a ameaça, não há que se falar, portanto, na infração em tela. RT 420/62, TJSP

Entretanto, frente à conduta das "vítimas", bem como dos testemunhos prestados, a real capitulação da absolvição deve-se a inexistência do fato, nos termos do art. 386, I do CPP, o que desde já requer-se.

Por fim Exa., ante toda a prova colhida nos autos, resta evidenciada presença de indícios de materialidade e autoria de fato(s) delituoso(s) praticado(s) por M.M., C.K., e P. A., seja por coação de testemunhas, de falso testemunho, denunciação caluniosa ou, enfim, outra tipificação penal a ser adotada pelo Ministério Público, requer-se sejam enviadas cópias a este, na forma do art. 40 do C.P.P.

Assim sendo, requer-se a absolvição do acusado, forte art. 386, I, do CPP.

Nestes termos,

Pede deferimento.

Porto Alegre, 28 de agosto de 2006.

DANIEL GERBER
OAB/RS 39879

14. Queixa-Crime em ação penal privada subsidiária de ação penal pública – inércia do Ministério Público – prazo de 15 dias como marco inicial do Direito da vítima em interpor queixa-crime subsidiária

EXMA. AUTORIDADE JUDICIÁRIA
1º VARA CRIMINAL
SÃO LEOPOLDO/RS

Distribuição por dependência ao processo 0000000000

C. D., brasileiro, casado, empresário, portador da identidade n° 0000, residente e domiciliado na Rua Adão Hoeffel, 00, Bairro Rio Branco, XXXXX/XX, vem, respeitosamente, ante V. Exª., por seu procurador signatário, apresentar

QUEIXA-CRIME SUBSIDIÁRIA DE AÇÃO PENAL PÚBLICA INCONDICIONADA

Em desfavor de M.M., brasileira, casada, portadora da identidade n° 00000, residente e domiciliada na Rua dos Alpes, 000, XXXXX/XX., e C.K., brasileiro, casado, industrial, residente e domiciliado no mesmo endereço, pelos fatos e fundamentos expostos a seguir:

I. DO CABIMENTO DA PRESENTE AÇÃO PENAL PRIVADA SUBSIDIÁRIA DA AÇÃO PENAL PÚBLICA

O Querelante interpôs, no dia 21 de novembro de 2006, notícia-crime em desfavor dos ora Querelados; em anexo a tal peça, juntou todas as provas necessárias ao correto deslinde do feito, tornando desnecessária a propositura de qualquer ato suplementar de investigação.

O processo foi encaminhado ao Ministério Público no dia 24/11/2006 e, até a presente data, o douto Promotor de Justiça ainda não se manifestou.

Considerando, então, o artigo 29 do CPP, combinado com o artigo 39, parágrafo 5º do referido diploma legal, tem-se legitimado, o ora Querelante, ao oferecimento da presente queixa-crime.

II. DOS FATOS

Considerando que todos os atos já foram narrados na notícia-crime que origina a presente peça, e no intuito de se evitar tautologia, reproduz-se os dizeres lá referidos como narrativa apta ao recebimento da presente queixa-crime, em acordo com o art. 41, CPP.

III. DA DENUNCIAÇÃO CALUNIOSA

Os Noticiados incorreram no tipo do delito do art. 339, CP, ao darem causa à instauração de inquérito policial e, posteriormente, processo-crime de nº00000000000, acusando – FALSAMENTE – o ora Noticiante de agir conforme sanções dos arts. 344 e 163, do CP.

Neste sentido, ao ser ouvida em juízo, confirmando seu depoimento prestado em delegacia, a Noticiada, imputando ao Noticiante o cometimento do delito previsto junto ao art. 344, CP, informou que *"na data do primeiro fato a depoente chegou num cruzamento da Rua Henrique Bier com a Estrada do Socorro onde havia uma sinaleira, e em seguida o sinal abriu e a depoente avançou no cruzamento, tendo avistado um Vectra cinza parado na rua transversal daquela por onde a depoente trafegava, eis que o sinal estava fechado para ele, e quando estava passando pelo cruzamento o Vectra avançou o sinal fechado e veio em direção ao automóvel da depoente quase colidindo, tendo a depoente efetuado uma manobra para o lado esquerdo para evitar uma colisão, e então a depoente constatou que era o réu quem estava dirigindo o tal veículo; que a depoente tem convicção que o réu efetuou aquela manobra de propósito, com o objetivo de atingi-la, e só não bateu em seu carro porque a depoente conseguiu desviar; que a filha da depoente estava sentada ao lado da depoente, próxima a porta que quase foi atingida pelo carro do réu; (...) que algum tempo depois houve um problema com o esposo da depoente quando dirigia um outro veículo, ocasião em que o réu colidiu de propósito no veículo por ele dirigido, causando danos no carro de C.; que no corrente ano o réu novamente bateu no carro do esposo da depoente, de propósito; (...) Que a depoente na ocasião estava também acompanhada de uma funcionária de nome S. a qual viu tudo o que aconteceu; que o esposo da depoente estava sozinho quando deu-se o segundo fato descrito na inicial. (...) que quando do primeiro fato noticiado nos autos a depoente chegou a parar o seu carro após haver desviado, e o réu também parou o carro dele, e quando a depoente tentou sair do local ele novamente tentou atingi-la com o carro dele; que não recorda qual a posição do veículo do réu em relação ao carro da depoente na hora em que a depoente parou o seu carro; que a depoente conseguia avistar o carro do réu no momento em que parou no local do fato, e viu que ele parou próximo ao seu automóvel; que o réu não fez nenhuma manobra especial para tentar atingir o carro da depoente pela segunda vez, tendo simplesmente prosseguido a trajetória; que a depoente não sabe porque razão o réu não bateu em seu carro na hora em que estava parada; que depois que a depoente parou se o réu quisesse, ele poderia tê-la atingido com o carro dele, só que atingiria a parte do motor; que quando do segundo fato, pelo que a depoente soube a colisão dos dois veículos foi lateral; que não existe processo cível para discutir os danos ocorridos no segundo fato, haja vista que apenas a calota do veículo do esposo da depoente foi danificada da roda dianteira direita; que numa outra oportunidade não noticiada nestes autos, o réu cortou a frente do carro do esposo da depoente, e acabou dando ensejo a um acidente quando o esposo da depoente acabou atingindo parte da traseira do carro do réu, sendo que o réu ajuizou um processo contra o esposo da depoente no Juizado Especial Cível, buscando o ressarcimento do prejuízo (...)" (fls.).*

Já seu marido, também noticiado, relatou que na data do segundo fato (art. 163, CP) *"dirigia seu automóvel pela rua Ranolfo Guasque quando avistou o carro do réu trafegando no mesmo sentido, na frente do seu automóvel, e repentinamente o réu freou de forma brusca na sua frente, e o depoente também freou seu carro e conseguiu evitar uma colisão, porém parou seu carro bem próximo ao veículo dele; que pouco depois o réu arrancou o carro e o depoente fez a mesma coisa e mais adianta o ultrapassou, e quando o réu percebeu a ultrapassagem, ficou possesso, e parecia louco, e veio atrás do depoente e fez uma ultrapassagem e segurou o carro, na frente do depoente e tentava atingir o seu veículo com o carro dele, tentando abalroa-lo; que o depoente fez nova manobra para tentar ultrapassar o carro do réu, e ele jogava o carro na frente do veículo do depoente em duas ou três oportunidades; que em dado momento o réu tentou jogar o veículo do depoente para fora da estrada, e o depoente acabou parando o carro e nesse momento o réu conseguiu atingi-lo com o automóvel dele, causando-lhe danos leves no rodado dianteiro(...)" (fls.).*

PEÇAS DEFENSIVAS NO DIREITO PENAL

Através desses falsos depoimentos agiram, os Noticiados, imediatamente contra a administração da Justiça e, mediatamente, contra a honra do Noticiante, sendo, pois, a constituição perfeita do crime de denunciação caluniosa.

Deve-se deixar claro, neste momento, que ambos os Noticiados, ao prestarem ocorrência policial e, posteriormente, ao confirmarem o teor de tais acusações em Juízo, **sabiam que estavam a agir em desencontro com a verdade.** Tal ponto deve restar claro para Vossa Excelência: os Noticiados, ao assim agirem, **estavam em conluio na prática de vingança contra o ora Noticiante,** ato este que, felizmente, acabou frustrado ante a sentença absolutória prolatada pelo Juízo da 2ª Vara Criminal de XXXXX/XX

Vale, inclusive, o destaque de trechos do depoimento do próprio Noticiante onde, escancaradamente, se desvela o verdadeiro ocorrido nos fatos que lhe foram imputados *"(...) Ao I: não são verdadeiras as imputações. Ao II:* **quem danificou o veículo de C. foi ele próprio....** *Ao V: conhece a vítima M. e seu esposo C. e informa que tem problemas de relacionamento com eles... Ao VII: que na data do fato o depoente aproximou-se de uma sinaleira que estava aberta e quando estava passando no cruzamento* **surgiu o veículo de M, a qual furou o sinal e tentou passar na frente do carro do depoente, sendo que o depoente em momento algum tentou atingir o carro dela com o seu,** *salientando se quisesse fazer isso poderia ter feito;* **que o depoente nunca fez ameaças contra M., porém esta tem feito ameaças contra o depoente e seus familiares;** *que em data posterior o depoente transitava em via pública na frente de uma escola, quando surgiu o veículo Fiat Uno dirigido por C. o qual tentou fazer uma ultrapassagem, mas não conseguiu e acabou colidindo na traseira do carro do depoente; que o depoente não sabe informar se C. atingiu o seu automóvel espontaneamente ou se foi um mero acidente... Ao VIII: informa que seus problemas com M. e C., já duram algum tempo, e sua esposa já foi ofendida por M. dentro de um supermercado, bem como do lado de fora a qual chamou-a de "vaca", ladra e receptadora e também chegou a mostrar a língua para o filho do depoente em outra oportunidade (...)" (fls.).*

Não obstante as declarações do Noticiante já demonstrarem ser ele vítima de verdadeira simulação por parte dos Noticiados, a testemunha **S. M.M.,** que presenciou parte dos fatos quando estava dentro do carro com a notificada M., assim afirmou: *"recorda que o veículo do réu teria parado na frente do veículo de M. e acha* **que esta teria investido contra o veículo do réu;** *recorda que a filha de M. estava no banco da frente e advertiu a mãe inclusive alertando do fato de o veículo ser novo; (...) sabe que a vítima tem ódio do acusado (...)* **acredita que a vítima tenha arremessado veículo contra o veículo do acusado, recordando que a vítima tinha um temperamento muito agitado e muito ódio do acusado"** (fls.). G.N.

Em relação à falsidade do depoimento de C.K., segundo noticiado, resta clara na medida em que a única "testemunha" que confirma sua versão, Sr. P.A. (fls. 283, doc. em anexo), ao afirmar que *"...que o depoente estava nas proximidades do local do acidente quando os brigadianos e a vítima se aproximaram pedindo-lhe que servisse de testemunha do que vira..."* é desmentida pelo próprio policial que atendeu ao ocorrido, Soldado A.S.S. (fls. 338, doc. em anexo) que, sem espaço para dúvidas, deixa claro que *"...ninguém se dispôs a servir como testemunha no local dos fatos; não viu nenhuma pessoa no local com o nome de P.A....".*

Não bastassem (1) a autêntica versão do ora Noticiante que contradiz o alegado pelos Noticiados, e (2) os esclarecedores depoimentos das referidas testemunhas, que desmentem tanto a primeira quanto o segundo Noticiados, (3) o douto Magistrado expõe com convencimento aquilo que resta inequívoco, merecendo, aqui, transcrição de trechos da douta sentença absolutória:

> (...) merece relevância a prova testemunhal colhida, que aponta claramente O AFÃ DAS "VÍTIMAS" EM QUERER INCRIMINAR INJUSTAMENTE O ACUSADO.

E, embora o MP tenha opinado, em sede de alegações finais, para a absolvição do Noticiante por falta de provas, da seguinte forma foi decidido:

> Não é caso de absolvição por falta de provas como requereu o Ministério Público mas de absolvição **pela inocorrência dos fatos descritos na denúncia...** (fls.).

Resta claro, através do acima exposto, que ambos os Noticiados agiram em desfavor do Noticiante apenas para dar azo aos sentimentos pessoais de vingança que detinham contra tal, eis que em momento algum os fatos narrados por eles – em ocorrência policial e em processo penal – realmente aconteceram.

IV. DA COAÇÃO NO CURSO DO PROCESSO

Por meio dos depoimentos prestados, percebeu-se que a notificada, M.M., apresenta conduta voltada à prática de delitos, pois não só incorre em denunciação caluniosa, em concomitância com seu marido, como também coage empregados seus, colocando-os sob o risco de perderem seus empregos, caso não deponham em seu favor, conforme se comprova através dos seguintes excertos:

> **S.M.M.:** *(...) quem levou a depoente até a Delegacia de Polícia foi a vítima,*[80] **a vítima teria induzido a depoente a prestar o depoimento até porque naquela época a depoente trabalhava para a vítima,** *não foi obrigada, mas induzida* (fls.).

---

[80] Quando diz-se "vítima", refere-se ora à Marisa, ora ao seu marido Celso, em referência ao processo que incitaram contra Cláudio Dresch; sendo, na ocasião deste item, sempre a menção dada à Marisa.

F.R.M.: *(...)* **A vítima teria pedido ao depoente para que este testemunhasse em favor dela** *quanto ao incidente descrito na denúncia o que* **era inviável para o depoente eis que trabalhava para outra empresa naquela época;** *como não* **concordou em depor o depoente foi demitido por M.; foi pressionado também pela vítima a depor em processos trabalhistas onde é alegada a justa causa;** *sabe que a vítima teve comportamento semelhante com outros funcionários da empresa* (fls.).

S.E.T.: *(...)* **trabalhou para a vítima e esta teria pedido para a depoente para testemunhar contra o acusado; a depoente não concordou pois sequer conhecia ao acusado;** *a vítima falava mal do acusado (...); como a depoente não quis depor contra o causado* **foi demitida** *pela vítima (...).* Várias vezes **a depoente foi convocada pela vítima para depor em processos trabalhistas sobre os fatos pelos quais a depoente sequer tinha conhecimento** *pois trabalhava em outro setor, no escritório* (fls.).

O tipo objetivo do art. 344 do CP é o emprego de violência ou grave ameaça contra testemunha, no decurso do processo, favorecendo interesse próprio ou alheio. Apesar de não estar configurado o emprego de violência na postura da Noticiada, <u>a grave ameaça faz-se presente, seja para que tais pessoas depusessem no processo do qual restou absolvido o ora Noticiante, seja para que depusessem em processos outros, de cunho trabalhista!</u>

A ameaça da perda do emprego, nos difíceis dias em que vivemos não é algo de menor risco, em que se dobrando a esquina outro facilmente se consegue. Muito pelo contrário, a perda do emprego nos dias de hoje é causa de: desestrutura familiar, crise financeira e alarmes depressivos. Tudo por que o emprego não se trata de mero passatempo; mas sim do ganha-pão do povo brasileiro.

Desta forma, não se pode considerar como grave apenas a ameaça à vida, e sim, aquelas que interferem na vulnerabilidade do coagido.

Em consonância a esse entendimento, a colenda Oitava Turma do Tribunal Regional Federal da 4ª Região, deu parcial provimento à apelação, exarando acórdão cuja ementa, lavrada pelo ilustre Desembargador Federal Relator, DR. LUIZ FERNANDO WOWK PENTEADO, segue:

"PENAL. COAÇÃO NO CURSO DO PROCESSO. ART. 344 DO CP. AMEAÇA DE DEMISSÃO. AUTORIA E MATERIALIDADE COMPROVADAS. REDUÇÃO DA PENA CARCERÁRIA. CONCURSO FORMAL.

1. A conduta do réu consistiu em ameaçar os funcionários da RFFSA, na qualidade de Chefe do Escritório Regional de Tubarão, a firmarem declarações desistindo de ações trabalhistas ajuizadas contra o empregador, sob pena de serem demitidos.

2. Tratando-se de crime formal, a consumação do delito de coação no curso do processo se dá com a ocorrência da violência ou grave ameaça, essa última entendida como ação capaz de intimidar a vítima, não sendo necessário que o mal pretendido

seja alcançado pelo sujeito ativo, pois tal circunstância consiste no exaurimento da ação delituosa.

3. Diante da realidade do mercado de trabalho brasileiro, a possibilidade da perda do emprego é constrangimento sério o bastante para atemorizar o trabalhador, sobretudo quando, poucos meses antes dos atos ilícitos, a empresa passou por um processo de privatização que resultou na redução de mais de 90% de seu quadro de pessoal.

4. Comprovadas a materialidade e a autoria, deve ser mantida a condenação do apelante pela prática do crime previsto no art. 344 do Código Penal.

5. Redução da penalidade carcerária.

6. Havendo um a só conduta que violou a mesma regra, causando vários resultados típicos, se está a falar de concurso formal e não de crime continuado. (Apelação Crime Nº 2003.04.01.034109-3)

Ademais, a coação, disfarçada de pedidos, mais os exemplos das anteriores demissões, já serviam de ameaça suficiente para intimidar as testemunhas e comprovar o *fumus comissi delicti* nas ações da primeira Noticiante.

V. DO FALSO TESTEMUNHO E/OU FRAUDE PROCESSUAL

Finalizando a extensa lista dos ilícitos cometidos pelos Noticiados, tem-se que tanto M.M. quanto C.K. incorreram nos delitos tipificados junto aos artigos 343 e 347, ambos do CP.

Nesta senda, não bastassem os depoimentos dos empregados e ex-empregados dos Noticiantes relatando a pressão que sofriam para prestarem falso testemunho (e o depoimento de S., já citado, explicita tal passo), tem-se que a "testemunha "P.A." sequer estava no local dos fatos, conforme também já demonstrado quando da narrativa fática do delito de denunciação caluniosa!

Frise-se: em relação à S., por exemplo, ou os Noticiados incorrem no delito de coação de testemunha ou no delito de falso testemunho, eis que ou ameaçaram ou prometeram alguma vantagem para tal Senhora, consoante suas próprias declarações. No entanto, em relação a P.A., duas situações:

1. Sequer estava no local dos fatos; foi "plantado" no acidente, pelos Noticiados, após os fatos, apenas para dar substrato às acusações empreendidas por C.K.;

2. Se aceitou tal encargo, por óbvio que não o foi por graciosidade mas, sim, por vantagem a ser descoberta em futura investigação a ser empreendida pela autoridade competente;

A infração aos artigos 343 e 347, ambos do CP, resta configurada, eis que o falso testemunho surge por parte de uma pessoa que sequer estava no local."

V.I. DO PEDIDO FINAL

Ante todo o exposto, resta claro o cometimento de alguns delitos de maior gravidade por parte dos Querelados que, por sua vez, assim agiram por motivações absolutamente torpes.

Isto posto, requer-se o recebimento da presente queixa-crime subsidiária, sendo os Querelados processados e, ao final, devidamente condenados nas sanções dos delitos acima descritos.

Pede deferimento.

Porto Alegre, 18 de dezembro de 2006.

DANIEL GERBER
OAB/RS 39879

15. Alegações Finais, art. 500, CPP – exploração sexual de adolescente – negativa de autoria – o *in dubio pro reo* e a certeza como fonte da sentença condenatória – a atipicidade da conduta do réu graças ao comportamento da vítima – erro sobre os elementos do tipo

EXMA. AUTORIDADE JUDICIÁRIA

6ª VARA CRIMINAL

PORTO ALEGRE/RS.

Processo............ 0000000000

Objeto..............Artigo 500, CPP

E. G. D. S., já qualificado nos autos do processo supra-epigrafado vem, respeitosamente, ante Vossa Excelência, através de seus Defensores signatários, expor e requerer o que segue:

I – Fatos

O peticionário encontra-se denunciado por infração ao artigo 244-a da Lei nº 8.069/90 (Estatuto da Criança e do Adolescente), onde, nos dizeres da denúncia, o mesmo, em data de 21 de agosto de 2005, por volta das 21h20min, no Acesso Dezesseis, bairro Medianeira, nesta cidade, teria submetido a adolescente J. P. M., com 16 anos à época dos fatos, à exploração sexual.

Ainda, segundo a peça acusatória, teria o denunciado abordado a vítima e, mediante pagamento em quantia não informada no inquérito policial, fez com que esta adentrasse em seu veículo XXXX, placas XXX 0000, e praticasse sexo oral (felação).

II – Negativa de autoria

O Réu, por sua vez, nega a autoria do delito. Alegou estar dirigindo-se a sua residência, quando, ao passar pela via supramencionada, avistou uma mulher jovem que lhe pedia insistentemente para que parasse seu veículo e fornecesse-lhe uma carona.

Tendo em vista o horário, e por estar chovendo, o peticionário aceitou levá-la, perguntando para onde deveriam ir, ou seja, qual o local de sua residência, sendo que a mesma apenas mandou que seguisse.

Após trafegarem alguns metros, em local ermo, a jovem pediu para que o peticionário parasse o veículo, o que gerou medo e certa estranheza no peticionário, levando-o novamente perguntar onde a jovem morava e obtendo como resposta, apenas, que seria na Vila Cruzeiro.

Neste momento, entretanto, o peticionário foi abordado por policiais militares que ordenaram sua saída e, também, realizaram sua revista pessoal.

Posteriormente ao ato, o peticionário foi conduzido, juntamente com a suposta vítima, para a área judiciária, onde foi ouvido e liberado sem que, sequer, fosse lavrado o auto de prisão em flagrante.

Percebe-se, então, que: (1) quando da revista pessoal não foi encontrado dinheiro com o peticionário, instrumento este necessário à concretização do tipo penal que lhe foi imputado e, indo além, (2) quando conduzido à Polícia Civil, não foi lavrado auto de prisão em flagrante. Resta claro, através destes dois simples mas importantes argumentos, que no presente caso não há provas concretas para que o acusado seja condenado.

Pelo contrário, e ainda que o nobre MP argumente sobre a inviabilidade da negativa de autoria enquanto tese defensiva, o máximo que surge do presente feito é a existência de indícios e suposições, mas jamais certezas.

Corroborando o afirmado vale, aqui, a lição de Malatesta ao afirmar a distinção entre certeza (positiva) e probabilidade (positiva/negativa, provável/improvável). Para o autor italiano, a primeira distinção a ser realizada é entre certeza e dúvida: <u>a certeza, em seus dizeres, seria representada pela crença do indivíduo na percepção que pode deter entre o fato que lhe é apresentado enquanto fenômeno e sua convicção ideológica.</u> A dúvida, no entanto, traz consigo maior complexidade. Neste sentido, afirma:

> A dúvida é um estado complexo. Existe dúvida em geral, sempre que uma asserção se apresenta com motivos afirmativos e negativos; ora, pode dar-se a prevalência dos motivos negativos sobre os afirmativos e tem-se o **improvável**; pode haver igualdade entre os motivos afirmativos e os negativos e tem-se o **crível no sentido**

específico. Pode haver, finalmente, a prevalência dos motivos afirmativos sobre os negativos **e tem-se o provável.**[81]

Apresenta-se, no caso em tela, uma probabilidade positiva, ou seja, é provável que ele tenha apanhado a suposta vítima com fins de prostituição; no entanto, ainda que provável, a certeza não pode ser obtida, eis que: (1) não foi lavrado o auto de prisão em flagrante, ou seja, demonstra que a autoridade policial acreditou, mesmo que inicialmente, na versão apresentada pelo Réu; (2) em seu depoimento, a vítima não sabe ao certo o que fala, pois não lembra data, local, horário e, finalmente, (3) não foi encontrado dinheiro com o peticionário, elemento este essencial ao próprio conceito de prostituição.

Assim sendo, não havendo provas conclusivas de autoria mas, tão-somente, probabilidades positivas, deve ser – o Réu – absolvido em respeito ao princípio da presunção e inocência.

III – Atipicidade da conduta

Além disso, mesmo se tivessem ocorrido tais atos descritos na peça acusatória, tratar-se-ia de fato atípico, já que, mesmo a jovem sendo menor (17 anos), não houve submissão da adolescente a qualquer prática de ato sexual. Neste sentido, além de a mesma já estar pervertida e se prostituindo há tempos anteriores, conforme depoimento de testemunhas, **inclusive a do policial militar que atuou no caso, onde afirmou que já conhecia a jovem do local onde fariam "ponto"**, o próprio pai da suposta vítima, em seu depoimento, deixa clara a condição em que sua filha se encontrava, ou seja, vivia no mundo da prostituição e, segundo ele, "não adiantava mais falar".

Em seu depoimento, a jovem afirma que já esteve na FEBEM, por usar drogas e fazer programas. Afirmou, ainda, ser usuária, desde os 15 anos, de *crack* e maconha.

A respeito, o Tribunal de Justiça do nosso estado já manifestou-se, vejamos:

Apelação. art. 244-A, *caput*, da Lei 8.069/90. submissão de adolescente à prostituição e exploração sexual. prova. absolvição.

Se a prova permite afirmar que a adolescente, que já se prostituía anteriormente, não foi efetivamente submetida à prática sexual, muito pelo contrário, a absolvição torna-se medida impositiva, ante a atipicidade da conduta.

Apelo provido.

Ap. Crime – 70012062568 – Rel. Des. Marco Antonio Oliveira.

---

[81] MALATESTA, Nicola Framarino. *A lógica das provas em matéria criminal.* Conan, 1995, p. 19.

O Douto Procurador de Justiça, Dr. O, em seu parecer referente ao caso supramencionado, escreveu com maestria sobre o assunto: *"a exploração sexual, evidente no caso pelo pagamento aos favores prestados pela jovem, é, por si, circunstância insuficiente para a caracterização da conduta como de natureza típica. É preciso mais, a efetiva comprovação do ato de submissão. Ou seja, a configuração do tipo penal em pauta exige a comprovação de atitudes como a de impor a alguém, por ação própria ou por interposta pessoa, a uma relação de força ou poder, no sentido de 'reduzir à obediência, à dependência, sujeitar, subjugar'. E não é o caso dos autos, em que a adolescente objeto da proteção da norma dedicava-se habitualmente à prostituição sem a interferência ou a influência do acusado. Ainda que a conduta do réu, nas circunstâncias, possa ser considerada como imprópria, a impropriedade habita no campo da ética pessoal, questão não alcançada pela norma penal incriminadora. A ação de submeter, ademais, enquanto expressão de uma relação de poder, não pode ser presumida sói porque se trata de uma pessoa menor de idade, com a ressalva das situações expressamente previstas no ordenamento jurídico"* .

Nesta senda, caso Vossa Excelência entenda ser o peticionário o autor do fato, deve o mesmo ser absolvido por força do artigo 386, III, do Código de Processo Penal.

IV – Do Erro de Tipo

Não bastassem os argumentos supra, e mesmo que tal fato tivesse ocorrido, agiu o Réu em *erro de tipo,* pois, conforme o próprio depoimento da suposta vitima a este juízo, a mesma afirmou que teria 18 anos.

Afirmou, neste sentido, que o acusado teria perguntado a sua idade com medo que fosse menor, porque, segundo ela *"eu acho que ele queria de maior, que tem uns caras que ficam com medo de sair com guria de menor".*

Conforme ensinamento de Cezar Roberto Bitencourt[82], *"Erro de tipo é o que recai sobre circunstancia que constitui elemento essencial do tipo. É a falsa percepção da realidade sobre um elemento do crime. É a ignorância ou a falsa representação de qualquer dos elementos constitutivos do tipo penal. È indiferente que o objeto do erro se localize no mundo dos fatos, dos conceitos ou das normas jurídicas".*

É inequívoco que o acusado, ao supostamente parar a vitima, imaginava tratar-se de uma jovem maior de idade, tendo a confirmação pela própria, que lhe

---

[82] Cezar Roberto Bitencourt, Tratado de Direito Penal, Parte Geral, 9ª edição, 2004, Saraiva, p. 394.

afirmou, segundo ela, mais de uma vez, que teria 18 anos. Neste caso, estava o Réu em *erro de tipo,* pois desconhecia a realidade, ou seja, a circunstância que recai o tipo penal, ou seja, a menoridade.

Assim sendo, estando afastado o dolo em virtude do erro de tipo, deve o Réu ser absolvido, tendo em vista que a configuração de crime culposo não é possível na infração que lhe é imputada, estando, dessa maneira descaracterizado qualquer ilícito penal, devendo, dessa forma, ser inocentado com fulcro no artigo 386, III, do Código de Processo Penal.

Porto Alegre, 14 de novembro de 2006

DANIEL GERBER
OAB/RS 39879

JOSÉ HENRIQUE SALIM SCHMIDT
OAB/RS 43.698

LUIZ FELIPE MARTINS BASTOS
OAB/RS 60.574

16. Razões de apelação – crime cometido por Prefeito – prescrição retroativa – lei de licitações – dolo alternativo – princípio da correlação entre acusação de sentença – imputação objetiva, finalismo social e boa-fé objetiva – erro sobre elementos do tipo

EXCELENTÍSSIMO SENHOR DOUTOR DESEMBARGADOR RELATOR
CONSTANTINO LISBÔA DE AZEVEDO

COLENDA 4ª CÂMARA CRIMINAL

EGRÉGIO TRIBUNAL DE JUSTIÇA DO ESTADO DO RIO GRANDE DO SUL

Processo 0000000
Objeto .... Razões de Apelação
Apelante .... M. L. B.

1. Preliminar

1.1. Prescrição da pretensão punitiva

1.2. Prescrição, em concreto, retroativa

Iniciando-se a abordagem do presente feito, surge questão que, pelo viés legal, acaba por impedir o correto prosseguimento da causa.

Corroborando tal afirmação, tem-se que, através do instituto denominado "prescrição retroativa" (utilizada, aqui, com fulcro na pena concretamente estipulada pela d. autoridade julgadora – dois anos de reclusão –, consoante mandamento previsto junto ao art. 110, § 1º, CP,), torna-se de fácil percepção que o período prescricional estipulado pelo art. 109, V, CP (quatro anos), já decorreu entre dois dos marcos interruptivos, quais sejam: (1) recebimento de denúncia e (2) sentença penal condenatória (art. 117, I e IV, CP).

Neste sentido, a denúncia foi recebida pela douta autoridade julgadora na data de 17 de julho de 2002 (fls. 199), e a sentença, por sua vez, veio a ocorrer, apenas, em 12/12/2006, passados, pois, mais de quatro anos entre estes dois marcos interruptivos do prazo prescricional.

Pois bem: em se considerando que a pena estipulada na sentença condenatória foi de 02 (dois) anos de reclusão, e, fundamentalmente, considerando que **tal sentença transitou em julgado para o Ministério Público** que, satisfeito, não recorreu, tem-se que o lapso prescricional do presente feito deverá ser obtido com base na reprimenda concretamente estipulada ao Apelante, raciocínio este que o conduz ao patamar de 04 (quatro anos), já devidamente ultrapassado.

Isso posto, e sem maiores delongas, requer-se seja decretada a extinção de punibilidade do ora Apelante, fulcrada na prescrição retroativa da punibilidade, com o conseqüente afastamento de toda e qualquer restrição que tenha lhe imposto a decisão ora recorrida.

1.3. Considerações gerais sobre o direito envolvido – Princípio constitucional da correlação entre denúncia e sentença – Limitação do julgar à narrativa fática oferecida em denúncia – Inteligência do art. 41, CPP, como instrumento de garantia à ampla defesa e contraditório – Necessidade de absolvição conforme súmulas 160 e 453, STF

Ultrapassada a preliminar supra, ergue-se, ainda, um segundo impedimento ao correto prosseguimento da presente causa.

Para tanto, e antes de iniciar-se a análise do caso que ora se apresenta perante este Tribunal – de onde, desde já se ressalta, emerge a absoluta inocência do ora Apelante – faz-se necessário o apontamento de vício insanável na douta decisão que ora se contesta, vício este que, além de significar, por si, negativa de vigência aos arts. 41 e 384, ambos do CPP, assim como malversação aos princípios da correlação, ampla defesa e contraditório, traz ainda severa conseqüência, qual seja a própria decretação imediata de extinção de punibilidade do ora Apelante por força das súmulas 160 e 453, ambas de nosso Supremo Tribunal Federal.

Neste sentido, e conforme histórica, pacífica e uníssona doutrina e jurisprudência, o Juiz de um processo penal, através do consagrado princípio do *jura novit curia*, estará, consoante afamado integrante do Ministério Público, *adstrito aos fa-*

tos narrados na peça acusatória[83], eis que *o demandado defende-se dos fatos a ele imputados, não da sua tipificação legal.*[84]

Ainda na visão de outro integrante – de igual porte – da referida instituição, *é vedado ao juiz agir "ex officio", sendo um postulado constitucional o axioma "nullum iudicium sine accusatione". A acusação penal é reservada ao Ministério Público, sendo vedado ao juiz fazer qualquer acréscimo ao perímetro já traçado pelo órgão acusador e, antes de tudo, fiscal da lei, ao objeto do processo. A acusação, formada pelo binômio imputação + pedido, traça a esfera dentro da qual o órgão julgador irá decidir o conflito de interesses, sendo-lhe vedado julgar ultra, extra e citra petita. Qualquer decisão judicial proferida fora dos limites previamente delimitados pelo Ministério Público é nula de pleno direito, esteja ela aplicando sanção mais grave, menor ou igual a que se pediu. É o fato que determina os limites da pena e não a sua qualificação jurídica*[85].

E, não fosse suficiente o entendimento prevalente nos bancos de estudo desta nobre e multirreferida instituição Ministerial, tem-se o nunca ultrapassado entendimento de Tourinho Filho que, desde sua época de Promotoria, sempre afirmava nas inúmeras obras de sua autoria que *a denúncia ou queixa deve conter a exposição do fato criminoso, diz o art. 41. Citado, o réu vai defender-se da imputação que lhe é feita, e não da sua capitulação*[86].

Resta clara, através da citação de três grandes doutrinadores (ex) pertencentes ao Ministério Público que, desde a formação do recém-empossado Promotor, existe a preocupação – por parte da instituição – em ensinar-lhe a real importância da peça ora denominada denúncia, eis que através dela, e somente dela, restará delimitada a incidência do poder jurisdicional requerido.

Tal ponto merece destaque por versar, direta e indiretamente, sobre o próprio conceito de Democracia de Direito. Neste sentido deve restar claro que é através da obrigatoriedade de correlação entre denúncia e sentença que se fornece ao acusado uma real contraditoriedade e, conseqüentemente, ampla defesa, sendo tal correlação estabelecida não entre o Direito pleiteado mas, sim e exclusivamente, pelos fatos narrados pelo MP na sua peça inicial.

Em tal esteira surgem, ainda, os artigos 383 e 384, ambos do CPP. Tais dispositivos, ainda que de duvidosa constitucionalidade, abrigam em Lei Ordinária Federal o retrato fiel do ora alegado, sendo que o art. 384, CPP, especificamente,

---

[83] CAPEZ, Fernando. Curso de Processo Penal, Saraiva, 2003, p. 134.

[84] CAPEZ, op.cit., p. 134.

[85] RANGEL, Paulo. A função garantista do processo penal. Internet, www.jusnavigandi.com.br, em 29-12-2006.

[86] TOURINHO FILHO, Fernando da Costa. *Código de Processo Penal Comentado*, Saraiva, 1999, p. 647.

PEÇAS DEFENSIVAS NO DIREITO PENAL

prevê rito adequado às situações onde o Juiz percebe a possibilidade de proferir condenação por fato diverso daquele narrado em denúncia[87].

Pois bem: o Direito pleiteado pelo MP em desfavor do Apelante é aquele prescrito junto ao art. 90 da Lei 8666/93 que, por sua vez, assim dispõe:

> *Art. 90. Frustrar ou fraudar, mediante ajuste, cominação ou qualquer outro expediente, o caráter competitivo do procedimento licitatório, com intuito de obter,* **para si ou para outrem**, *vantagem decorrente da adjudicação do objeto da licitação (...).*

Tal dicção legal traz à tona a figura do **dolo direto alternativo**, ou seja, exige que o agente, para cometer o delito, atue com a vontade de fraudar ou frustrar o caráter competitivo de procedimento licitatório **para si ou para outrem, desejos estes que podem tanto ocorrer de maneira concomitante como excludente.**

Não obstante a Teoria Geral do Delito, quando do estudo da Tipicidade, acatar a existência de tal modalidade de dolo, tem-se que, em sede de processo penal, quando do oferecimento da denuncia – e na medida em que cabe ao Promotor de Justiça narrar o fato em suas circunstâncias, incluindo, aí, o elemento subjetivo do tipo – deverá, o Ministério Público, descrever qual a específica intenção do agente ao praticar o fato, **restando o Juiz adstrito a tal narração quando do momento da sentença.**

Frise-se: se o Ministério Público, através dos poderes que lhe são conferidos pela Constituição Federal e pelos artigos de Lei Ordinária Federal, objetiva denunciar alguém por infração a uma norma que, em sua dicção legislativa e hipotética, comporta mais de uma espécie de conduta dolosa por parte do agente, deverá adotar um dos dois caminhos: (1) narrar – adequadamente -todas as hipóteses descritas pelo texto legal e, assim, permitir que o juiz condene por qualquer uma destas ou, ao revés, (2) narrar apenas as que entender cabíveis, **limitando, topicamente, a previsão hipotética.**

Nesta segunda posição, entretanto, o MP estará limitando não apenas a descrição típica em sua incidência concreta (Juízo de Tipicidade) como também e fundamentalmente, a própria atividade jurisdicional, eis que o Juiz não mais poderá utilizar, em uma sentença condenatória, elementos outros que não os fornecidos pelo próprio MP.

---

[87] Não obstante o artigo 384, CPP, mencionar uma *nova definição jurídica do fato*, o que verdadeiramente o diferencia do art. 383, CPP (que também versa sobre *definição jurídica diversa*) é que esta dita "nova definição" surge de *circunstância elementar, não contida, explícita ou implicitamente, na denúncia*. Desta maneira, volta-se ao ora alegado, qual seja a impossibilidade de que a Jurisdição seja exercida por fatos não narrados em denúncia sem que, primeiro, seja a Defesa instada a se manifestar sobre tal. Indo além, deve-se marcar que em atuais entendimentos doutrinários e jurisprudenciais a declaração de não constitucionalidade de tal artigo é recorrente, eis que fere abertamente o princípio acusatório, regedor de nosso sistema processual pátrio.

O que se afirma, aqui, é que a existência de um dolo alternativo na dicção legal não significa, necessariamente, a presença de tal instituto no plano fático. Desta maneira, o agente poderá fraudar uma licitação para (1) obter vantagens para si ou para outrem ou, se for o caso, (2) apenas para si, não se importando e nem desejando beneficiar terceiras pessoas. Na primeira hipótese, o dolo alternativo previsto em abstrato pela norma se concretizou no mundo fático; na segunda hipótese, **o dolo alternativo previsto em abstrato foi limitado pela realidade em concreto**, agindo, o Indivíduo, apenas com dolo específico, sendo que cabe ao Ministério Público, quando do oferecimento da denúncia, especificar, adequadamente, se o caso tópico encaixa-se (juízo de tipicidade) na hipótese "para si ou para outrem" ou somente na hipótese "para si".

No caso em tela, a denúncia limitou o espectro de incidência da norma ao versar, expressamente, sobre as ações praticadas pelo Apelante. Transcreve-se o trecho acusatorial para melhor apreciação:

> Nos meses de janeiro e fevereiro de 2000, nas dependências da Prefeitura Municipal de E., M. L. B., A. F. T. e L. A. L., fraudaram o caráter competitivo do procedimento licitatório, mediante ajuste e combinação, **com o intuito de obterem, PARA SI, vantagem decorrente da adjudicação do objeto da licitação.**

Restam clarificados, através de tal trecho, os argumentos supra expendidos. O Ministério Público, ao denunciar o ora Apelante, deixou claro que a intenção deste, ao praticar o fato, era obter um benefício para si, e não para outrem. Limitou, então, o abstrato dolo alternativo através de uma situação concreta de comportamento fático.

A douta sentença, entretanto, entendeu por condenar o Apelante baseada na crença de que este, ao agir, estampou **como evidente o intento de beneficiar os empresários A. F. T. e L. A. L.(...!).**

Resta claro, então, a dissonância entre acusação e jurisdição, eis que **a narrativa fática pela qual o Apelante foi acusado é a de fraudar procedimento licitatório para obter, PARA SI, vantagem ilícita, não podendo, pois, ser condenado por obter tal vantagem PARA OUTREM, salvo nas hipóteses do art. 384, CPP!!**

Escancara-se o fato de que a base condenatória se deu em moldes não estipulados pela acusação Ministerial, extrapolando a matéria fática que poderia ser apreciada por este nobre Poder Judiciário e colocando por terra o devido contraditório e ampla defesa inerentes ao conceito de devido processo legal.

Aquilo que pode parecer mero jogo de palavras traduz, em verdade e como já afirmado, a própria essência de um Estado de Direito, **pois um acusado ter que**

PEÇAS DEFENSIVAS NO DIREITO PENAL

provar que nada obteve de vantagem para si é algo completamente distinto de ter que provar que nada obteve de vantagens para outrem.

Ressalte-se: o Apelante, em instrução processual, não se preocupou em tentar demonstrar que os empresários citados em sentença, co-réus no presente feito, não seriam beneficiados com o procedimento licitatório; pelo contrário, limitou-se a demonstrar que ele próprio não estaria a obter vantagem alguma, e tal limitação defensiva, por sua vez, ocorreu somente pelo fato de que o Apelante, em momento algum, estava sendo acusado de beneficiar terceiros através de seus pretensos atos fraudatórios. Ora, como se defender daquilo que não havia lhe sido imputado[88]?

Restando devidamente exposta a quebra da correlação entre denúncia e sentença e, conseqüentemente, a negativa de vigência aos arts. 41 e 384, ambos do, CPP, assim como afronta ao conceito de devido processo legal, princípio do contraditório e ampla defesa, tem-se que a douta decisão *a quo* merece reforma por parte desta douta Câmara que, em acordo com as súmulas 160 e 453, ambas de nosso STF, acabará por, sem sequer apreciar o *merito causae,* absolver o Apelante.

2. Do mérito

2.1. A boa-fé objetiva; imputação objetiva; teoria finalista da ação – conduta socialmente adequada

Em sendo ultrapassadas as preliminares supra, tem-se que, no mérito, a douta sentença condenatória não deve prosperar.

Para corroborar tal idéia, parte-se, inicialmente, do próprio funcionamento da sociedade dita Moderna, suas instituições e, conseqüentemente, sua forma de **gerenciamento do risco**.

Na lição de Giddens,[89] por exemplo, uma das características que jamais pode ser esquecida ao se tratar de sistemas sociais oriundos da Modernidade é a necessidade de que os agentes passem a confiar não naquilo que efetivamen-

---

[88] Observação: apenas a título de exemplo, deve restar claro que se o Apelante soubesse que estava sendo acusado de beneficiar terceiros, trabalharia sua defesa com pontos absolutamente distintos dos até então trabalhados. Tentaria provar, por exemplo, que tais empresários sequer seus conhecidos eram ou, se fosse o caso, que não iriam lucrar fraudulentamente com a vitória obtida no certame licitatório. Não se preocupou com tais teses, no entanto, por não estar sendo acusado pelos fatos que, infelizmente, serviram de base para sua condenação. Explícita a quebra do contraditório e ampla defesa, assim como do devido processo legal, dentre outros.

[89] GIDDENS, Anthony. *As conseqüências da modernidade.* Trad. Raul Fiker. São Paulo: editora da Universidade Estadual Paulista, 1991.

te conhecem ou apreendem, mas, fundamentalmente, na correta manutenção de uma sistemática interrelacional de competências. Desta maneira, por exemplo, ao se dirigir um automóvel, o agente não conhece e está longe de apreender as características funcionais de tal mecanismo, e, ainda assim, *confia* que o aparelho foi criado e produzido em acordo com as regras sociais básicas de competência que gerenciam o cotidiano (os freios funcionam, sinais, etc.).

Tal situação nada mais é do que retrato daquilo que, nas ciências jurídicas, denomina-se "boa-fé objetiva" (para os civilistas) ou, quiçá, "imputação objetiva" (para os adeptos de Roxin e Jakobs) ou, ainda, "conduta socialmente adequada" (para os adeptos do finalismo de Welzel). Tal conceituação, por sua vez, parte do pressuposto da complexidade aliada à velocidade de informação e, por fim, da diversidade de responsabilidades concomitantes, onde um ser humano, receptor de inúmeras informações e detentor de outras não contabilizadas responsabilidades, já não pode verificar, *in loco*, se a origem de seu comportamento estava devidamente alicerçada em um agir adequado de um segundo agente, necessitando, pois, confiar neste último e no serviço que lhe presta.

Para Giddens, então, *o advento da modernidade arranca crescentemente o espaço do tempo fomentando relações entre outros "ausentes", localmente distantes de qualquer situação dada ou interação face a face. Em condições de modernidade, o lugar se torna cada vez mais "fantasmagórico": isto é, os locais são completamente penetrados e moldados em termos de influências sociais bem distantes deles. O que estrutura o local não é simplesmente o que está presente na cena; a "forma visível" do local oculta as relações distanciadas que determinam sua natureza.*[90]

Tal posicionamento reflete-se, nas ciências jurídicas criminais, através da teoria da Imputação Objetiva que, palavras de Jakobs, assevera: *não faz parte do papel de nenhum cidadão eliminar todo o risco de lesão de outro. Existe um risco permitido...quando o comportamento dos seres humanos se entrelaça, não faz parte do papel do cidadão controlar de maneira permanente a todos os demais; de outro modo, não seria possível a divisão do trabalho. Existe um princípio da confiança ... a confiança se dirige a que uma determinada situação existente tenha sido preparada de modo correto por parte de um terceiro, de maneira que aquele que fizer uso dela, o potencial autor, se cumprir com seus deveres, não ocasionará dano algum.*[91]

---

[90] GIDDENS, Anthony. *As conseqüências da modernidade*. Trad. Raul Fiker. São Paulo: editora da Universidade Estadual Paulista, 1991, p. 27.

[91] JAKOBS, Günther. *A imputação objetiva no direito penal*. Trad. André Luís Callegari. São Paulo: RT, 2000, p. 30.

Para os Finalistas, por sua vez, este mesmo panorama encontra seu eco junto ao conceito da Teoria Social da Ação que, sendo um desenvolvimento lógico do embrião finalista, entende que *as formas em que se realiza o intercâmbio do homem com seu meio (finalidade no atuar positivo e dirigibilidade na omissão da ação) não são unificáveis ao nível ontológico, porque a omissão mesma não é final, pois o emprego esperado da finalidade não existe nela. Ação e omissão de ação podem, contudo, ser compreendidas em um conceito de ação unitário, se conseguirmos encontrar um ponto de vista valorativo superior, que unifique no âmbito normativo elementos não-unificáveis no âmbito do ser. Esta síntese deve ser procurada na relação do comportamento humano com seu meio. Este é o sentido do conceito social de ação.* Ação é o comportamento humano de relevância social.[92] (grifo original).

Percebe-se, então, que tanto pelo conceito de boa-fé objetiva (Giddens), quanto pelos conceitos de imputação objetiva (Jakobs) e finalismo (Welzel), importa saber, na verificação de eventual juízo de tipicidade de uma conduta, que a (1) confiança na realização de um comportamento (2) adequado e (3) precedente, por parte de "alguém", é a base sobre a qual recai a sociedade moderna e, conseqüentemente, os imperativos jurídicos. Voltando-se ao ensinamento de Giddens, *não haveria necessidade de se confiar em alguém cujas atividades fossem continuamente visíveis e cujos processos de pensamento fossem transparentes, ou de se confiar em algum sistema cujos procedimentos fossem inteiramente conhecidos e compreendidos.*[93]

Tem-se, pois, que cada Indivíduo detém competência e responsabilidade sobre organizações que lhes são próprias, em acordo com a função social que exercem, e não devem responder por erros cuja origem seja a (falta de) organização de competência e responsabilidade de terceiro.

E, indo além, deve-se perceber que, ao se estabelecer uma relação de confiança com "alguém", ou com uma determinada parte do sistema, nada mais se faz do que se acreditar em uma "promessa implícita de funcionamento", promessa esta que, inclusive, gera no agente que a aceita um relaxamento de suas medidas de proteção. Jakobs, ao versar sobre a imputação penal em uma relação de credibilidade e boa-fé assevera, sem espaço para dúvidas, que *nos casos de assunção não somente é relevante a promessa de uma prestação, mas também o abandono de outras medidas de proteção que se produzem como conseqüência da promessa; o que assume organiza, pois, mediante sua promessa, uma diminuição da pro-*

---

[92] SANTOS, Juarez Cirino. *Direito penal: parte geral.* Curitiba: IPC, Lumen Juris, 2006, p. 91.

[93] GIDDENS, Anthony. *As conseqüências da modernidade.* Trad. Raul Fiker. São Paulo: editora da Universidade Estadual Paulista, 1991, p. 40.

156   *Daniel Gerber* *teção e deve, portanto, compensar essa menor proteção.*[94] Desta maneira, adverte ainda o autor, em relação ao alcance da norma penal, que *no quadro da proibição somente devem ser evitados resultados lesivos que não pertençam à organização de uma terceira pessoa ou da própria vítima (...).*[95]

Toda essa base de boa-fé objetiva, que alicerça o sistema social Moderno, encontra seu respaldo legal junto ao artigo 20, *caput,* CP, assim como junto aos §§ 1º e 2º do referido dispositivo.

Neste sentido, se o erro sobre elemento constitutivo do tipo exclui o dolo, permitindo, tão somente, a punição a título de culpa, em casos de negligência, imperícia ou imprudência de quem agiu, resta claro que o resultado danoso, se oriundo de um erro, não deve (a não ser excepcionalmente) ser punido, eis que preservada a boa-fé que norteia o sistema. Ainda em tal linha, se, *por erro plenamente justificado pelas circunstâncias,* se torna possível, ainda que presente o dano, uma absolvição (descriminantes putativas), novamente se percebe a preservação da boa-fé como base de interpretação e aplicação da norma jurídica, eis que, dito de outro modo, aquele que *age de boa-fé, graças ao erro plenamente justificado pelas circunstâncias, não deverá ser punido,* frisando-se, sempre, que tal justificativa poderá encontrar sua fonte, justamente, no comportamento de uma terceira pessoa (§2º, art. 20, CP).

Em outras palavras, a conjunção do parágrafo 2º do art. 20, CP, com o *caput* e § 1º do referido dispositivo conduz, inevitavelmente, à conclusão: <u>se um terceiro erra em questões referentes ao seu nível de competência, tal erro não poderá ser imputado a outrem</u>, eis que este último, obrigado a confiar naquilo que desconhece, minimiza seus fatores de proteção e passa a atuar, com boa-fé, na conformidade da informação recebida.

Estabelecida a premissa que norteia nosso sistema jurídico, passa-se à análise do caso em si.

2.2. O caso em concreto

2.3. A boa-fé objetiva como fundamento de agir do apelante

2.4. O erro sobre os elementos do tipo penal

No caso em concreto, encontra-se, sem dúvida, toda a intrincada relação de confiança entre competências individuais ou sistêmicas acima sinalada.

---

[94] JAKOBS, Günther. *A imputação penal da ação e da omissão.* Trad. Maurício Antônio Ribeiro Lopes. Barueri, SP: Manole, 2003, p. 30.

[95] Id. ibid., p. 41.

Neste sentido, parte-se do pressuposto de que o Apelante, enquanto Prefeito Municipal, detém sobre si uma série de responsabilidades que foge, completa e absolutamente, às suas competências originárias de Indivíduo. Neste sentido, ao eleger-se Prefeito Municipal, um Indivíduo assume responsabilidade sobre situações que, na qualidade somente individual, jamais poderia arcar, pois completamente estranhas às suas competências anteriores.

Em situações como esta, resta clara a funcionalidade do sistema: o agente que assume tais responsabilidades (que transcendem à sua competência individual) deve buscar, no próprio sistema do qual faz parte, "mão-de-obra" adequada ao desenrolar de seu cotidiano, outorgando, a cada parte do sistema, a responsabilidade pela competência que lhe é designada.

Melhor exemplificando, já com as características do caso em concreto: o Apelante deve buscar o respaldo de seu agir, enquanto Prefeito Municipal, junto à equipe técnica que compõe o quadro funcional do Município, outorgando-lhes a competência para análise de contratos, documentação apresentada por terceiros, etc. Tal passo, por sua vez, acarreta em transferência de responsabilidade sobre erros que derivem das designações de competência adequadamente distribuídas.

Pois bem:

Consoante depoimento de A. G. (fls. 447), percebe-se que a rede de competências da Prefeitura Municipal de E. estava, no que diz respeito a licitações do Município, devidamente estruturada. Neste sentido:

> Eu era o responsável pela elaboração do edital do certame. Montava o processo e passava para o Procurador para analisar e dar o parecer jurídico. Posterior a isso era tudo com a comissão, que entregava, que recebia as propostas, que combinava.

Fácil verificar, através do trecho supra destacado, que o Prefeito Municipal, no que tange ao específico assunto ora tratado, contava (1) com uma pessoa específica para a elaboração inicial do processo licitatório, (2) com corpo jurídico adequado à análise do processo e, por fim, (3) com comissão especial para o assunto.

Indo além, A. S. (fls. 431) que, na época, era Secretário da Administração e Fazenda do Município, respondendo ao questionamento formulado pelo MP no sentido de saber se existiam, na Prefeitura Municipal, cautelas adotadas no sentido de se fazer coleta de preços no mercado para utilização como parâmetro às propostas ofertadas pelos licitantes, assim afirmou (fls. 440):

> Nesse sentido tinha o pessoal da comissão da parte jurídica que fazia esse controle da parte legal e tinha também o nosso diretor de compras que sempre tomava essa precaução, mas tem aquilo que eu lhe digo, nem sempre quem tinha o melhor preço

vendia ou se habilitava a uma licitação do Município, porque não queria correr o risco dos atrasos.

E, não fossem suficientes as declarações supra destacadas, vale, para afastar qualquer dúvida que ainda margeasse o objeto analisado, transcrever-se parte do depoimento de L. F. (fls. 496) que, por sua vez, integrava a própria Comissão de Licitações de E. na época dos fatos:

> Defesa: O Prefeito, alguma vez, participou de reuniões da Comissão de Licitação, ou se mantinha distante, ele tinha funcionários que cuidavam desta parte?
> Testemunha: Na verdade, como eu coloquei no início, quem fazia era o A. e a outra menina, não recordo o nome dela, também, faz tanto tempo, eram dois...a L., eles que faziam a documentação, os papéis, tudo...

Ora Excelências, se voltarmos ao ensinamento de Jakobs, para quem *o essencial é que concorra a violação de um papel... Por conseguinte, quem se mantém dentro dos limites de seu papel, não responde por um curso lesivo, ainda no caso em que bem e perfeitamente pudesse evitá-lo,* restará fácil a percepção de que o Apelante, ao anuir com o procedimento licitatório que a Prefeitura Municipal estava a realizar, nada mais fez do que confiar nas competências de seu quadro funcional, passo este que o coloca em acordo com o papel que o mandato público lhe outorga e, conseqüentemente, o exime de toda e qualquer responsabilidade por eventuais equívocos ocorridos no curso do procedimento.

Tal ponto merece destaque, eis que pano de fundo para o desenvolvimento de todo o raciocínio utilizado para concluir-se pela absolvição do Apelante: este, na qualidade de Prefeito do município de E., cercou-se de todos os cuidados necessários para a correta condução de seu mandato, não devendo – e nem podendo – responder por eventuais equívocos que terceiros tenham cometido dentro dos limites de suas competências funcionais.

Isso posto, e finalizando este específico tópico, depreende-se que, se houve superfaturamento na licitação, e prejuízo à competitividade do certame, tais fatos em nada se vinculam ao Apelante. Este, pelo contrário, ao se escudar adequadamente, e em acordo com seu papel social, nos pareceres da Procuradoria, da Comissão de Licitação e, ao fim, no serviço prestado por A. G., encontra-se fora do espectro de responsabilidade que tal licitação poderia gerar aos que dela participaram por incidência do artigo 20, *caput* e § 1º, CP, sob pena de, negando-se vigência à Lei Federal, estar-se a consagrar o instituto da responsabilidade penal objetiva.

No entanto, não fosse suficiente a demonstração de que o Apelante, se praticou algo em desacordo com sua função pública, o fez por erro sobre elementos do

PEÇAS DEFENSIVAS NO DIREITO PENAL

tipo (eis que ancorado nos pareceres de seus subordinados), vai-se além, demonstrando-se à este e. Tribunal que, em verdade, não houve conduta alguma de sua parte, ainda que derivada de erro, que pudesse comprometer a competitividade e seriedade do certame.

Para tanto, parte-se da própria fundamentação probatória utilizada pela decisão *a quo*.

3. A sentença condenatória

3.1. A prova oral colhida aos autos

A douta sentença condenatória, em fls. 738, assim dispõe:

> (...) o tipo penal do delito em tela visa resguardar o princípio da competitividade das licitações públicas, e mormente a moralidade do certame.
> As condutas pressupõem ao menos dois agentes, que poderão ser dois concorrentes, ou um concorrente e o administrador responsável pela licitação.

Tal trecho é desde logo destacado apenas para corroborar o raciocínio já desenvolvido: a própria sentença condenatória, ao afirmar que o tipo penal em tela envolve – no mínimo – dois agentes, sendo (a) ou dois concorrentes ou (b) um concorrente e o administrador da licitação, nada mais faz do que afirmar que um Prefeito Municipal, pelo simples fato de ser Prefeito e anuir com determinadas licitações realizadas pelo Município, não deve ser responsabilizado. Pelo contrário, e consoante este próprio trecho sentencial, a responsabilidade por eventuais delitos pressupõe a ligação real – e não meramente simbólica – do agente para com o fato. Tal raciocínio, em verdade, nada mais é do que retrato da impossibilidade de se punir alguém por questões de ordem meramente objetiva, eis, que, seja para a imputação objetiva, seja para o finalismo, o agente deve praticar condutas em desacordo com seu papel social, não podendo responder pela simples existência de um dano.

Pois bem: se a própria sentença condenatória reconhece a necessidade de um vínculo real e obrigacional do agente para com o certame, duas hipóteses se abrem para a busca de uma absolvição:

> 1. Provar que, se houve ação por parte do Apelante, que, de qualquer forma, pudesse comprometer o caráter competitivo da licitação, esta teria se dado por força de erro sobre os elementos do tipo; este foi o objeto já analisado e devidamente provado nos tópicos acima.
> 2. Provar que sequer ação, por parte do Apelante, houve; este é o objeto a seguir desenvolvido.

Nesta segunda esteira de pensamento, parte-se do entendimento proclamado em folhas 743 dos autos. Lá, a douta sentença justifica sua decisão condenatória ao afirmar que todo o procedimento licitatório era, ao fim, mero engodo, eis que *o conluio entre os acusados para fraudar o processo licitatório já estava previamente acertado.* **Isso é o que depreende-se da prova oral colhida aos autos.**

Ora Excelências, torna-se óbvio que se o Apelante realizou prévio conluio com os concorrentes da licitação, deverá ser punido, eis que estaria, assim agindo, em franca violação do papel social que lhe era outorgado. No entanto, algumas questões de cunho meramente lógico passam a imperar: se a Prefeitura de E., sob gestão do ora Apelante, adotava inúmeros procedimentos de proteção ao erário, como, por exemplo, Procuradores Municipais que analisavam os editais e Comissões de Licitação que detinham a atribuição de, justamente, primar pela correção do certame, <u>de onde surge a convicção judicial que afirma a existência de um conluio prévio?</u>

Em outras palavras: se o Apelante, na qualidade de Prefeito Municipal, adotou vários dispositivos de segurança (Procuradores, Comissões, etc.) que traziam por objetivo garantir a lisura dos certames, qual o motivo de se partir do pressuposto de que ele estaria, *ex ante*, combinando propostas com os concorrentes? Percebe-se, aqui, um traço de contradição que deve restar devidamente exposto: aquele que adota procedimentos de segurança, junto à máquina pública, com a intenção de evitar fraudes, não comete justamente aquilo que, através dos dispositivos criados por si, tentou evitar.

A contradição lógica ora apontada é o primeiro dos elementos que autorizam um reforço do princípio da presunção de inocência, tornando a carga probatória, para a acusação, ainda mais severa.

Ultrapassando-se a lógica, entretanto, surgem as declarações testemunhais.

Em verdade, e como também resta claro na decisão guerreada, a douta autoridade *a quo* se convenceu pela ação criminosa do Apelante com base na *prova oral colhida aos autos* (fls. 743) e, para tanto, fundou seu entendimento nos seguintes depoimentos:

a. **L. F.**: causa espanto a utilização do depoimento de L. como fonte de convencimento condenatório, eis que, e como já destacado na presente peça, referida pessoa afirma, textualmente, que não era o Apelante o responsável pela elaboração e execução dos procedimentos licitatórios.

Indo além: nos próprios trechos destacados em sentença, L. afirma:

(fls. 744) Juiz instrutor: Este processo trata de procedimento licitatório...A senhora tem recordação deste procedimento?

Testemunha: Na época, que eu lembro é que houve, **o A. fez**, e eu não tive tempo de ler na época, no dia que chegou, até eu não assinei porque eu não tinha lido no momento. O que eu me recordo foi assim, que depois o Prefeito foi informado de que existia, assim, um valor excessivo, e que ele mandou cancelar esta licitação.

Com a devida vênia aos entendimentos diversos, o trecho supra apenas destaca a existência de uma terceira pessoa encarregada da elaboração do procedimento, que não o Prefeito. Em suma, confirma a inexistência de responsabilidade pessoal do ora Apelante por eventuais equívocos, eis que não era sua a responsabilidade pelo procedimento.

Indo além, no mesmo depoimento transcrito pela autoridade julgadora em sua decisão:

(fls. 745) Juiz instrutor: Aqui, diz a denúncia, que o Prefeito, na época, ordenou aos funcionários públicos...que assinassem a documentação, sequer permitindo que os mesmos lessem os documentos. A senhora recorda se isto ocorreu de fato, se houve determinação neste sentido?

Testemunha: **Não, não houve determinação neste sentido, não me recordo, mas eu não lembro, o Prefeito não nos obrigou a nada neste sentido não.**

Mais uma vez se demonstra que o depoimento utilizado como fonte de condenação apenas atesta a absoluta inocência do Apelante! Sem dúvida Excelências, o equívoco da douta autoridade *a quo* é que passa a ser demonstrado através de tais afirmações testemunhais.

Por fim, e como não fosse suficiente, a mesma testemunha, em trecho que também aparece destacado em sentença, responde ao Ministério Público:

(fls. 746) Ministério Público: Mas houve esta reunião com o Prefeito, na época, Mário Bertani, em que ele teria explicado a licitação? **Houve esta reunião?**

Testemunha: Não, aconteceram várias reuniões na Prefeitura, porque eu era funcionário, ele era Prefeito, **mas com este objetivo, não.**

Sinceramente Excelências, de que forma a douta autoridade *a quo* utiliza, para condenação, um depoimento onde a testemunha afirma que (1) nunca houve reunião com o Prefeito para que a Comissão de Licitações assinasse papel em branco, (2) que nunca houve, por parte do Prefeito, determinação neste sentido e que, finalmente, (3) uma terceira pessoa era a coordenadora do procedimento?

Percebe-se, mais uma vez, que o equívoco se deu na valoração da prova, eis que tal depoimento é de cunho totalmente absolutório, consagrando as teorias até então ventiladas pela Defesa!

Outro depoimento utilizado pela autoridade *a quo* para condenar o Apelante, referente às declarações de W. J., presidente da comissão de licitação, merece idêntico destaque.

(fls. 759) *Juiz instrutor: Como é que funcionava a comissão de licitação, vocês discutiam as propostas, os valores, como é que era feito?*

Testemunha: Tinha que preparar, daí era o Assessor jurídico, o Jurídico junto da Prefeitura preparava a licitação, era enviado para o pessoal, aí eles traziam, daí era aberto na frente de todo mundo(...)

(fls. 756) *Fase Policial*

Testemunha: (...) no ano de 2000, houve uma licitação para aquisição de pneus, câmaras e colarinhos, sendo que o depoente foi nomeado membro da comissão licitante, embora estivesse em período de férias, nessa época. O depoente não participou da realização da licitação, **sendo que somente assinava os documentos necessários, quando o A. levava tais documentos até sua sala, aí o depoente assina; quem fez a licitação, na realidade, foi o A. e a L.**

Mais uma vez um testemunho utilizado como fonte condenatória é, em verdade, a prova cabal de que o Apelante não detinha ingerência e, conseqüentemente, responsabilidade, sobre a referida licitação, eis que contava com todo seu corpo funcional e jurídico para elaborar, analisar e executar o procedimento.

O único outro depoimento utilizado pela autoridade julgadora, referente à testemunha A. A. L. B. é, em princípio, de caráter negativo.

Não obstante tal afirmação, e antes de se demonstrar à esta Casa que A. detinha problemas pessoais para com o Apelante (invalidando, pois, suas declarações), ergue-se o questionamento:

1. Se dos três depoimentos utilizados pela própria sentença condenatória, dois apenas atestam, de forma cabal, a tese da Defesa, de que maneira poderia, o Apelante, restar condenado com base na *prova oral*?

2. Mais: se, além dos depoimentos utilizados em sentença, os depoimentos de J. M. (fls. 461), A. (fls. 447) e A. S. (fls. 431) são veementes na afirmação de que o Apelante não se imiscuía no serviço de seu corpo jurídico e no serviço da Comissão de Licitação, pergunta-se novamente: de que maneira um processo, com apenas **UM** testemunho negativo e pelo menos **CINCO** testemunhos positivos, poderia gerar, no "Juiz", a certeza necessária ao decreto condenatório através, justamente, da prova oral?

Na busca de tal resposta é que surge o próximo tópico.

PEÇAS DEFENSIVAS NO DIREITO PENAL

4. Da presunção de inocência (ou "não culpabilidade")

4.1. Do livre convencimento e sua base fática

4.2. A prova oral utilizada como fonte de legitimação do decreto condenatório

No item imediatamente acima, se constatou severo paradoxo: a douta autoridade *a quo* entendeu pela condenação do Apelante, fulcrada na prova oral colhida em instrução sem, contudo, perceber que dos três depoimentos relacionados em sentença, dois são escancaradamente favoráveis à tese Defensiva!

Não se debate, aqui, a "crença" do Juiz que preside um determinado feito, até mesmo pelo fato porque, voltando-se a Giddens, tudo que se relaciona ao convencimento é, ao fim, um ato de fé.

No entanto, è consectário lógico de um Estado Democrático de Direito, algumas crenças, para serem devidamente legitimadas perante o corpo social, devem restar embasadas em elementos que permitam sua verificação não apenas por um, mas, em lado diametralmente oposto, por todos aqueles que dela dependem.

O "Juiz" é, por excelência, o melhor exemplo do acima afirmado: não obstante a liberdade de crença seja um Direito de todos, o Juiz, para crer em certas situações que dependem de sua figura pública, precisa ir além de sua própria vontade e encontrar, no mundo dos fatos, uma justificativa concreta para sua opinião.

Dito de outra forma: mesmo o livre convencimento judicial, pedra basilar de um Poder Judiciário independente, deve sofrer limitações, eis que, do contrário, estar-se-ia versando sobre mero decisionismo.

Neste sentido, em sendo a sentença um ato administrativo vinculado, torna-se clara a necessidade de aponte, por parte da Autoridade Pública, de todos os elementos fáticos que geraram seu convencimento, sua crença. Se tais elementos, por sua vez, forem contrários ao apontado, nada impede que o Juiz, enquanto Indivíduo, continue acreditando no que quiser; enquanto figura pública, no entanto, detentora do Poder de decidir sobre a vida alheia, deverá se resignar ao que o mundo fático lhe trouxe, eis que, e consoante a lição de Tourinho Filho, o sistema do livre convencimento adotado por nossa legislação não deve ser confundido com o da "íntima convicção", se afastando, assim, do *mero arbítrio na apreciação das provas*.[96]

E, transcendendo a necessidade de suporte fático para um juízo condenatório, tem-se que o imperativo jurídico expresso através do conceito de *in dubio pro*

---

[96] TOURINHO FILHO, Fernando da Costa. *Processo Penal:* v. 3. São Paulo: Saraiva, 2003, p. 247.

reo obriga que tal suporte fático não seja apenas (a) existente mas, imprescindível, (b) <u>suficiente!</u>

Nos dizeres de Binder, *construir con certeza la culpabilidad significa destruir sin lugar a dudas la situación básica de libertad de la persona imputada. Si no existe esse grado de certeza, no se puede arribar a la decisión de culpabilidad. Ése es el principio de "favor rei", comúnmente mencionado como "in dubio pro reo".*[97]

Mayer, um dos maiores processualistas de nosso século XX, também em análise à necessidade de suficiência da prova, afirma que, *en verdad, aqui se trata del funcionamiento de la regla "in dubio pro reu" en la sentencia, de modo tal que, no verificados com certeza todos los elementos que permiten afirmar la existencia de um hecho punible, el resultado será la absolución: y, de otra parte, no destruida con certeza la probabilidad de um hecho impeditivo de la condena o de la pena, se impondrá el mismo resultado*[98].

Pois bem: no caso em tela, e como devidamente explicitado na própria sentença, os depoimentos que instruíram o presente feito, com uma única exceção, apontam para o fato de que M. B., ora Apelante, (1) jamais se reuniu com pessoal da Comissão de Licitações para "armar" tal procedimento, (2) jamais pediu que tal pessoal simplesmente assinasse o processo e, por fim, (3) jamais foi o encarregado de elaborar e executar o procedimento administrativo.

E, para não deixar rastro de dúvidas, são no mínimo **CINCO** depoimentos que conformam a tese Defensiva contra, no máximo, apenas **UM** testemunho acusatório.

Ora Excelências, o confronto entre o material probatório não poderia gerar, como decisão voltada à produção de efeitos restritivos na vida de terceira pessoa, uma condenação. Não se discute aqui a crença da nobre autoridade de primeira instância, mas, sim, o fato de que tal crença, ainda que absolutamente legítima no plano hipotético, não encontra respaldo fático que legitime a submissão de uma terceira pessoa a tal idéia.

Vale, aqui, a lição de Malatesta ao afirmar a distinção entre certeza (positiva) e probabilidade (positiva/negativa, provável/improvável). Para o autor italiano, a primeira distinção a ser realizada é entre certeza e dúvida: a certeza, em seus dizeres, seria representada pela crença do indivíduo na percepção que pode deter entre o fato que lhe é apresentado enquanto fenômeno e sua convicção ideológica. A dúvida, no entanto, traz consigo maior complexidade. Neste sentido, afirma:

---

[97] BINDER, Alberto M. *Introducción al derecho procesal penal*. Buenos Aires: Ad Hoc, 2002, p. 127.

[98] MAIER, Júlio B.J. *Derecho Procesal Penal: fundamentos*. Buenos Aires: Editores del Porto, 1999, p. 507.

A dúvida é um estado complexo. Existe dúvida em geral, sempre que uma asserção se apresenta com motivos afirmativos e negativos; ora, pode dar-se a prevalência dos motivos negativos sobre os afirmativos e tem-se o **improvável;** *pode haver igualdade entre os motivos afirmativos e os negativos e tem-se o* **crível no sentido específico.** *Pode haver, finalmente, a prevalência dos motivos afirmativos sobre os negativos* **e tem-se o provável.**[99]

No caso em concreto, se fôssemos analisar, tão somente, a prova oral (critério qualitativo), salta aos olhos, pela simples questão numérica (critério quantitativo), que os motivos que afirmam a inocência do Apelante ultrapassam, na proporção de cinco para um, os elementos que autorizariam sua condenação. Para Mayer, nesta mesma linha de pensamento, a *probabilidade*, que poderá ser negativa ou positiva, se define *según que los elementos de prueba que confirman la hipótesis superen a aquellos que la rechazan, aunque sin descartar absolutamente la solución contraria, y viceversa*[100]. Volta-se, então, ao ponto inicial do presente tópico, qual seja o de plena superação, por parte de elementos que autorizam a inocência, dos elementos que autorizam o juízo de culpabilidade, eis que se está a falar (exaustivamente) de uma proporção de cinco para um.

E, não fosse suficiente a já constatada prevalência dos elementos que legitimam a absolvição do Apelante por inexistência de fato típico – ou seja, o Apelante não praticou o fato narrado em inicial – ou, quiçá, por não haver prova da existência do fato, vai-se além.

Como afirmado em momento supra, um único testemunho, utilizado na decisão recorrida, ergue-se de maneira desfavorável ao Apelante, qual seja o de A. A. L. B.

Tal Senhor, entretanto, detinha **rixa de cunho pessoal para com o Apelante,** situação esta que retira toda e qualquer credibilidade que poderia se outorgar ao seu depoimento – o único favorável à tese acusatória.

Neste sentido, por exemplo:

Depoimento de N. P. (fls. 477), ao responder a questionamento quanto a existência de "problemas de relacionamento" entre os integrantes da Comissão de Licitação (dentre os quais, A. A. L. .) e o Prefeito, ora Apelante:

> Testemunha: Eu acho que só com esse B., ali, que a gente chamava de "N." porque na época, eu lembro assim, alguma coisa que ele havia entrado na Justiça, cobrando alguma coisa da Prefeitura e parece que não recebeu e ficou descontente. Não sei se houve nada mais grave, **mas o descontentamento dele, sim, isso eu lembro...**

---

[99] MALATESTA, Nicola Framarino. A lógica das provas em matéria criminal. Conan, 1995, p. 19.

[100] MAIER, Júlio B.J. Derecho Procesal Penal: fundamentos. Buenos Aires: Editores del Porto, 1999, p. 845.

E não podemos olvidar das declarações prestadas pelo próprio A.A. que, em fls. 465, desabafa sua irresignação para com o Apelante ao afirmar, sobre seu "crédito", que **até hoje não fora pago.**

Finalizando tal ponto: o conjunto probatório que surge dos depoimentos constantes em autos, assim como dos depoimentos utilizados pela própria autoridade *a quo* em sua decisão, não cria espaço para um decreto condenatório, devendo, aqui, ser reformada a douta sentença com a proclamação de inexistência do fato, por parte deste Tribunal ou, no mínimo, ausência de provas da sua existência.

5. Do comportamento do apelante após o procedimento licitatório e durante a íntegra de seu mandato

Na mesma esteira seguida em linhas acima, na qual impera, para correta apreciação do material probatório, a observância da lógica dedutiva dentre vários outros fatores correlacionados, tem-se que o comportamento do "acusado" é um dos mais importantes fatores a ser utilizado como "premissa maior".

E, voltando-se para o caso em tela, tem-se que o Apelante, **antes de qualquer espécie de procedimento investigativo adotado pelo Legislativo ou pelo Judiciário,** avisado, tão somente, por um Vereador de seu Município de que a licitação "poderia" estar superfaturada, cancelou, imediatamente, seu efeito.

Tal comportamento afasta, inegavelmente, qualquer suspeita de dolo direto ou, quiçá, dolo eventual em seu agir, eis que seria totalmente ilógico imaginar-se que um cidadão, após realizar inúmeras atividades de risco para alcançar seu intento criminoso, e após este já estar concretizado, desistisse de seus efeitos por força de uma simples suspeita que lhe foi confidenciada por algum colega.

Frise-se: se a visão acusatória estivesse correta, o ora Apelante teria:

1. Realizado conluio com os participantes da licitação;
2. Desprezado as atividades da comissão de licitações, infringindo, aberta e escancaradamente, as regras do procedimento;
3. Desprezado a atuação dos Procuradores Municipais que, em conjunto com a atuação da comissão de licitações, deveriam fiscalizar o procedimento;

Sinceramente Excelências, uma pessoa que assume os riscos acima enumerados, podendo, a qualquer momento, ser denunciado por qualquer um dos funcionários citados ou, quem sabe, até mesmo por um concorrente "desgostoso", iria anular todo o procedimento já realizado, acabado e aprovado, por uma simples conversa mantida com um Vereador do seu Município?

Acreditar-se na visão acusatória, mediante o comportamento desenvolvido pelo Apelante, é, ao fim, quebrar-se a lógica que deve imperar na análise de um determinado caso, eis que se estaria, em tal situação, gerando um verdadeiro "primado das hipóteses sobre o fato", onde a premissa seria uma idéia (de culpa, no caso) e, desta, é que interpretariam os fatos posteriores.

Com a devida vênia, **os mandamentos da lógica fenomenológica ordenam um raciocínio exatamente oposto ao acima sinalado.** Neste sentido, a premissa a ser utilizada na análise de um caso em concreto não deve ser uma idéia e, sim, um fato, sendo que, a partir deste é que as hipóteses se descortinam.

Pois bem: tomando-se como fato a atitude do Apelante em invalidar, imediatamente, a licitação que originou o presente feito, com base em suspeitas que lhe foram relatadas, tem-se que as idéias que surgem daí são, justamente, aquelas que atestam a sua absoluta inocência ante qualquer irregularidade eventualmente ocorrida, eis que, ao sequer esperar a conclusão de algum processo investigatório para adotar o posicionamento já dito, o Apelante deixou claro que (1) não queria e (2) não estaria disposto a assumir o risco de uma licitação prejudicial ao seu Município.

E, coroando a conclusão pela extrema boa-fé do Apelante, dois outros fatos:

1. O TCE aprovou as contas do Município referentes ao mandato cumprido;
2. Nenhuma outra irregularidade jamais foi apontada durante tal interregno temporal;

Excelências: se um Prefeito que foi aprovado em suas contas por Tribunal de ilibada competência e honestidade, e se contra este Prefeito nenhuma outra denúncia existiu que não a ora estudada[101], é de se questionar: **que outros elementos ainda se fariam necessários para a prova de sua boa-fé?**

Isso posto, novamente se requer a absolvição do Apelante pela inexistência de fato típico em suas ações ou, se for o caso, falta de provas de tal ocorrência.

6. Considerações gerais e finais sobre o caso

Iniciando este tópico, cumpre destacar a lição de Cunha Martins, brilhante Advogado e Professor gaúcho que, por sua vez, deteve a competência para, exaurindo todas as instâncias e recursos possíveis, provar que a condenação de um cliente seu, era, ao final, um grave equívoco. Tal caso, conhecido em nosso Estado como "caso Joel: o homem errado", acabou por se transformar em livro, como um verdadeiro alerta a todos os operadores jurídicos sobre o risco de se operar uma condenação com fulcro, tão-somente, em indícios e prova duvidosa.

---

[101] Que, por sua vez, encontra-se coroada de contradições acusatórias e fortes provas de absolvição.

Neste sentido, preleciona o autor:

A prova duvidosa relaciona-se com o indício. E, inegavelmente, o indício vale como meio de prova...

No entanto, o que cumpre destacar é que **meio de prova não se confunde com prova suficiente,** *entrando aqui o* **problema da prova duvidosa,** *ou seja, o juiz não pode condenar com base na prova duvidosa, que muitas vezes é o resultado da soma dos indícios,* **pois esta soma jamais alcançará a certeza, não a simples certeza moral, como querem alguns, mas a certeza jurídica material.**[102]

Com a devida vênia a entendimento contrário, a prova que se ergue em desfavor do Apelante é, tão somente, indiciária. Conta-se, em suma, com apenas um testemunho de uma pessoa que, por sua vez, detém rusga de cunho pessoal para com o Apelante.

Ora Excelências, a prova testemunhal é, por sua própria natureza, extremamente frágil, e outro não é o motivo de, historicamente, ter-se consagrado no meio jurídico o aforisma *testis unus, testis nullus.* Se tal prova, frágil por excelência, encontra-se ainda viciada desde sua origem, por questões de cunho pessoal que envolve o relacionamento entre a testemunha e o acusado, como se poderia utilizá-la enquanto fonte de decidir?

Voltando-se às lições do mestre italiano Malatesta, tem-se que, apesar de se fazer necessária uma "presunção de veracidade" sobre as declarações prestadas em juízo por parte de testemunhas, *esta presunção de veracidade pode ser destruída ou enfraquecida por condições particulares, que sejam, em concreto, inerentes ao sujeito, forma ou conteúdo de uma particular testemunha; para avaliar sua força probatória, em concreto, é necessário, por isso, atender as condições particulares supracitadas.*[103]

Não bastasse a fragilidade ora apontada, mister não se olvidar – consoante devidamente explanado em sede de alegações finais – a **inimizade declarada** do Delegado de Polícia que investigou os fatos em relação ao Apelante e, por fim, a absoluta ausência de contraditório perante a CPI levada a cabo pelo Poder Legislativo na tentativa de apuração dos fatos.

Percebe-se, aqui, que o Apelante foi condenado, em verdade, por uma sucessão de "infelicidades coincidentes" que somente esta e. Câmara poderá sanar, eis que:

1. O inquérito policial, de caráter negativo ao Apelante, foi confeccionado por um Delegado que se declara seu inimigo;

---

[102] MARTINS, Ricardo Cunha. *Prova Criminal:* história de um erro judiciário: o caso Joel: o homem errado. Porto Alegre: Livraria do Advogado, 2002, p. 61.

[103] MALATESTA, Nicola Framarino. *A lógica das provas em matéria criminal.* Conan, 1995, p. 338.

2. A – isolada – prova testemunhal desfavorável ao Apelante surge de pessoa que também detém, com ele, rusga pessoal;

3. A CPI levada à cabo pelo Poder Legislativo desrespeitou todos os ditames mínimos exigidos para sua validade, consoante explanado, também, em sede de alegações finais[104];

De outra banda:

4. Cinco são os testemunhos que esclarecem a inexistência de qualquer ato, por parte do Apelante, tendente à influenciar a Comissão de Licitação do Município ou, também, seus Procuradores;

5. O Apelante, quando soube da notícia de que a licitação poderia estar superfaturada, invalidou, imediatamente, o procedimento;

6. Não foi demonstrado (e sequer conjeturado), em momento algum do processo, que espécie de "vantagem" estaria, o Apelante, a obter com o referido "conluio" que lhe outorgam;

7. Todas as contas da Prefeitura Municipal de E., na época de gestão do ora Apelante, foram devidamente inspecionadas e aprovadas pelo Tribunal de Contas do RS;

8. Não houve, durante todo o cumprimento de seu mandato, nenhuma outra denúncia de irregularidades administrativas;

Por todo o acima exposto é que se afirma: a prova coligida aos autos é, sem dúvida, imprestável para os fins de condenação!

Ante tal constatação, roga-se a este Tribunal que, quando do julgamento do presente, saiba avaliar adequadamente a medida do Justo para o caso em concreto, promovendo, em conseqüência, a absolvição de M. B. por inexistência de fato típico em seu agir ou, subsidiariamente, por falta de provas do ato que lhe imputam, em acordo com o Direito pleiteado nos tópicos anteriores.

Nesses termos,

Pede deferimento.

Porto Alegre, 29 de março de 2007

DANIEL GERBER
OAB/RS 39879

---

[104] Neste sentido, a Defesa demonstrou que não houve regular intimação dos acusados, não foram, estes, informados do Direito ao Advogado presente e, fundamentalmente, não foi propiciado contraditório e ampla defesa.

Impressão e Acabamento

Rotermund

Fone/Fax (51) 3589-5111
comercial@rotermund.com.br